紹興大典

史部

剡録

中華書局

圖書在版編目(CIP)數據

剡録 / (宋) 史安之修, (宋) 高似孫纂 . －北京 : 中華書局, 2024.6. －(紹興大典). － ISBN 978-7-101-16884-6

Ⅰ. K295.54

中國國家版本館 CIP 數據核字第 2024FB3274 號

書　　名	剡録
叢 書 名	紹興大典・史部
修　　者	〔宋〕史安之
纂　　者	〔宋〕高似孫
項目策劃	許旭虹
責任編輯	梁五童
裝幀設計	許麗娟
責任印製	管　斌
出版發行	中華書局
	（北京市豐臺區太平橋西里38號 100073）
	http: // www. zhbc. com. cn
	E-mail: zhbc@zhbc. com. cn
印　　刷	天津藝嘉印刷科技有限公司
版　　次	2024年6月第1版
	2024年6月第1次印刷
規　　格	開本787×1092毫米　1/16
	印張22¾　插頁1
國際書號	ISBN 978-7-101-16884-6
定　　價	290.00元

學術顧問

（按姓氏筆畫排序）

安平秋　李　岩　吴　格

袁行霈　張志清　葛劍雄

樓宇烈

編纂工作指導委員會

主　　任　盛閱春（二〇二二年九月至二〇二三年一月在任）

　　　　　温　暖　施惠芳　肖啓明　熊遠明

第一副主任　丁如興

副 主 任　陳偉軍　汪俊昌　馮建榮

成　　員（按姓氏筆畫排序）

　　　　　王静静　朱全紅　沈志江　金水法　俞正英

　　　　　胡華良　茹福軍　徐　軍　陳　豪　黄旭榮

　　　　　裘建勇　樓　芳　魯霞光　魏建東

編纂委員會

主　　編　馮建榮

副 主 編　黄錫雲　尹　濤　王静静　李聖華　陳紅彦

委　　員（按姓氏筆畫排序）

王静静　尹　濤　那　艷　李聖華　俞國林

陳紅彦　陳　誼　許旭虹　馮建榮　葉　卿

黄錫雲　黄顯功　楊水土

史部主編　黄錫雲　許旭虹

序

紹興是國務院公布的首批中國歷史文化名城，是中華文明的多點起源地之一和越文化的發祥、壯大之地。從嵊州小黄山遺址迄今，已有一萬多年的文化史；從大禹治水迄今，已有四千多年的文明史；從越國築句踐小城和山陰大城迄今，已有兩千五百多年的建城史。建炎四年（一一三〇），宋高宗駐蹕越州，取義「紹奕世之宏庥，興百年之丕緒」，次年改元紹興，賜名紹興府，領會稽、山陰、蕭山、諸暨、餘姚、上虞、嵊、新昌等八縣。元改紹興路，明初復爲紹興府，清沿之。

紹興坐陸面海，嶽峙川流，風光綺麗，物産富饒，民風淳樸，士如過江之鯽，彬彬稱盛。春秋末越國有「八大夫」佐助越王卧薪嘗膽，力行「五政」，崛起東南，威續戰國，四分天下有其一，成就越文化的第一次輝煌。秦漢一統後，越文化從尚武漸變崇文。晋室東渡，北方士族大批南遷，王、謝諸大家紛紛遷居於此，一時人物之盛，雲蒸霞蔚，學術與文學之盛冠於江左，給越文化注入了新的活力。唐時的越州是詩人行旅歌詠之地，形成一條江南唐詩之路。至宋代，尤其是宋室南遷後，越中理學繁榮，文學昌盛，領一時之先。明代陽明心學崛起，這一時期的越文化，宣導致良知、知行合一，重於事功，伴隨而來的是越中詩文、書畫、戲曲的興盛。明清易代，有劉宗周等履忠蹈義，慷慨赴死，亦有黄宗羲率其門人，讀書窮經，關注世用，成其梨洲一派。至清中葉，會稽章學誠等人紹承梨洲之學而開浙東史學之新局。晚清至現代，越中知識分子心懷天下，秉持先賢「膽劍精神」，再次站在歷史變革的潮頭，蔡元培、魯迅等人「開拓越學」，使紹興成爲新文化運動和新民主主義革命的重要陣地。越文化兼容並包，與時偕變，勇於創新，隨着中國社會歷史的變遷，無論其内涵和特質發生何種變化，均以其獨特、强盛的生命力，推動了中華文明的發展。

文獻典籍承載着廣博厚重的精神財富、生生不息的歷史文脉。紹興典籍之富，甲於東南，號爲文獻之邦。從兩漢到魏晋再至近現代，紹興人留下了浩如煙海、綿延不斷的文獻典籍。陳橋驛先生在《紹興地方文獻考録·前言》中説：「紹興是我國歷史上地方文獻最豐富的地方之一。」有我國地方志的開山之作《越絶書》，有唯物主義的哲學巨著《論衡》，有書法藝術和文學價值均登峰造極的《蘭亭集序》，有詩爲「中興之冠」的陸游《劍南詩稿》，有輯録陽明心學精義的儒學著作《傳習録》等，這些文獻，不僅對紹興一地具有重要價值，對浙江乃至全國來説，也有深遠意義。

紹興藏書文化源遠流長。歷史上的藏書家多達百位，知名藏書樓不下三十座，其中以澹生堂最爲著名，藏書十萬餘卷。近現代，紹興又首開國内公共圖書館之先河。光緒二十六年（一九〇〇），紹興鄉紳徐樹蘭獨力捐銀三萬餘兩，圖書七萬餘卷，創辦國内首個公共圖書館——古越藏書樓。越中多名士，自也與藏書聚書風氣有關。

習近平總書記强調，「我們要加强考古工作和歷史研究，讓收藏在博物館裏的文物、陳列在廣闊大地上的遺産、書寫在古籍裏的文字都活起來，豐富全社會歷史文化滋養」。黨的十八大以來，黨中央站在實現中華民族偉大復興的高度，對傳承和弘揚中華優秀傳統文化作出一系列重大決策部署。中共中央辦公廳、國務院辦公廳二〇一七年一月印發了《關於實施中華優秀傳統文化傳承發展工程的意見》，二〇二二年四月又印發了《關於推進新時代古籍工作的意見》。

盛世修典，是中華民族的優秀傳統，是國家昌盛的重要象徵。近年來，紹興地方文獻典籍的利用呈現出多層次、多方位探索的局面，從文史界到全社會都在醞釀進一步保護、整理、開發、利用紹興歷史文獻的措施，形成了廣泛共識。中共紹興市委、市政府深入學習貫徹習近平總書記重要指示精神，積極響應國家重大戰略部署，以提振紹興人文氣運的文化自覺和存續一方文脉的歷史擔當，作出了編纂出版《紹興大典》的重大決定，計劃用十年時間，系統、全面、客觀梳理紹興文化傳承脉絡，收集、整理、編纂、出版紹興地方歷史文獻。二〇二二年十月，中共紹興市委辦公室、紹興市人民政府辦公室印發《關於〈紹興大典〉編纂出版工作實施方案的通知》。自此，《紹興大典》編纂出版各項工作開始有序推進。

百餘年前，魯迅先生提出「開拓越學，俾其曼衍，至於無疆」的願景，今天，我們繼先賢之志，實施紹興歷史上前無古人的文化工程，希冀通過《紹興大典》的編纂出版，從浩瀚的紹興典籍中尋找歷史印記，從豐富的紹興文化中挖掘鮮活資源，從悠遠的紹興歷史中把握發展脉絡，古爲今用，繼往開來，爲新時代「文化紹興」建設注入强大動力。我們將懷敬畏之心，以古人「三不朽」的立德修身要求，爲紹興這座中國歷史文化名城和「東亞文化之都」立傳畫像，爲全世界紹興人築就恒久的精神家園。

是爲序。

温暖

二〇二三年十月

前言

越國故地，是中華文明的重要起源地，中華優秀傳統文化的重要貢獻地，中華文獻典籍的重要誕生地。紹興，是越國古都，國務院公布的第一批歷史文化名城。編纂出版《紹興大典》，是綿延中華文獻之大計，弘揚中華文化之良策，傳承中華文明之壯舉。

一

紹興有源遠流長的文明，是中華文明的縮影。

中國有百萬年的人類史，一萬年的文化史，五千多年的文明史。中華文明，是中華民族長期實踐的積累，集體智慧的結晶，不斷發展的産物。各個民族，各個地方，都爲中華文明作出了自己獨具特色的貢獻。紹興人同樣爲中華文明的起源與發展，作出了自己傑出的貢獻。

現代考古發掘表明，早在約十六萬年前，於越先民便已經在今天的紹興大地上繁衍生息。二〇一七年初，在嵊州崇仁安江村蘭山廟附近，出土了於越先民約十六萬年前使用過的打製石器〔一〕。這是曹娥江流域首次發現的舊石器遺存，爲探究這一地區中更新世晚期至晚更新世早期的人類活動、

〔一〕陸瑩等撰《浙江蘭山廟舊石器遺址網紋紅土釋光測年》，《地理學報》英文版，二〇二〇年第九期，第一四三六至一四五〇頁。

華南地區與現代人起源的關係、小黄山遺址的源頭等提供了重要綫索。

距今約一萬至八千年的嵊州小黄山遺址〔一〕，於二〇〇六年與上山遺址一起，被命名爲上山文化。該遺址中的四個重大發現，引人矚目：一是水稻實物的穀粒印痕遺存，以及儲藏坑、鐮形器、石磨棒、石磨盤等稻米儲存空間與收割、加工工具的遺存；二是種類與器型衆多的夾砂、夾炭、夾灰紅衣陶與黑陶等遺存；三是我國迄今發現的最早的立柱建築遺存，以及石杵立柱遺存；四是我國新石器時代遺址中迄今發現的最早的石雕人首。

蕭山跨湖橋遺址出土的山茶種實，表明於越先民在八千多年前已開始對茶樹及茶的利用與探索〔二〕。距今約六千年前的餘姚田螺山遺址發現的山茶屬茶樹根遺存，有規則地分布在聚落房屋附近，特别是其中出土了一把與現今茶壺頗爲相似的陶壺，表明那時的於越先民已經在有意識地種茶用茶了〔三〕。

對美好生活的嚮往無止境，創新便無止境。於越先民在一萬年前燒製出世界上最早的彩陶的基礎上〔四〕，經過數千年的探索實踐，終於在夏商之際，燒製出了人類歷史上最早的原始瓷〔五〕；繼而又在東漢時，燒製出了人類歷史上最早的成熟瓷。現代考古發掘表明，漢時越地的窑址，僅曹娥江兩岸的上虞，就多達六十一處〔六〕。

中國是目前發現早期稻作遺址最多的國家，是世界上最早發現和利用茶樹的國家，更是瓷器的故

〔一〕浙江省文物考古研究所編《上山文化：發現與記述》，文物出版社二〇一六年版，第七一頁。
〔二〕浙江省文物考古研究所、蕭山博物館編《跨湖橋》，文物出版社二〇〇四年版，彩版四五。
〔三〕北京大學中國考古學研究中心、浙江省文物考古研究所編《田螺山遺址自然遺存綜合研究》，文物出版社二〇一一年版，第一一七頁。
〔四〕孫瀚龍、趙曄著《浙江史前陶器》，浙江人民出版社二〇二二年版，第三頁。
〔五〕鄭建華、謝西營、張馨月著《浙江古代青瓷》，浙江人民出版社二〇二二年版，上册，第四頁。
〔六〕宋建明主編《早期越窑——上虞歷史文化的豐碑》，中國書店二〇一四年版，第二四頁。

鄉。《（嘉泰）會稽志》卷十七記載「會稽之産稻之美者，凡五十六種」，稻作文明的進步又直接促成了紹興釀酒業的發展。同卷又單列「日鑄茶」一條，釋曰「日鑄嶺在會稽縣東南五十五里，嶺下有僧寺名資壽，其陽坡名油車，朝暮常有日，産茶絶奇，故謂之日鑄」。可見紹興歷史上物質文明之發達，真可謂「天下無儔」。

二

紹興有博大精深的文化，是中華文化的縮影。

文化是一條源遠流長的河，流過昨天，流到今天，還要流向明天。悠悠萬事若曇花一現，唯有文化與日月同輝。

大量的歷史文獻與遺址古迹表明，四千多年前，大禹與紹興結下了不解之緣。大禹治平天下之水，漸九川，定九州，至於諸夏乂安，《史記·夏本紀》載：「禹會諸侯江南，計功而崩，因葬焉，命曰會稽。會稽者，會計也。」裴駰注引《皇覽》曰：「禹冢在山陰縣會稽山上。會稽山本名苗山，在縣南，去縣七里。」《（嘉泰）會稽志》卷六「大禹陵」：「禹巡守江南，上苗山，會稽諸侯，死而葬焉。……劉向書云：禹葬會稽，不改其列，謂不改林木百物之列也。苗山自禹葬後，更名會稽。是山之東，有隴隱若劍脊，西嚮而下，下有窆石，或云此正葬處。」另外，大禹在以會稽山爲中心的越地，還有一系列重大事迹的記載，包括娶妻塗山、得書宛委、畢功了溪、誅殺防風、禪祭會稽、築治邑室等。

以至越王句踐，「其先禹之苗裔，而夏后帝少康之庶子也，封於會稽，以奉守禹之祀」（《史記·越王句踐世家》）。句踐的功績，集中體現在他一系列的改革舉措以及由此而致的强國大業上。

他創造了「法天象地」這一中國古代都城選址與布局的成功範例，奠定了近一個半世紀越國號稱天下强國的基礎，造就了紹興發展史上的第一個高峰，更實現了東周以來中國東部沿海地區暨長江下游地區的首次一體化，讓人們在數百年的分裂戰亂當中，依稀看到了一統天下的希望，爲後來秦始皇統一中國，建立真正大一統的中央政權，進行了區域性的準備。因此，司馬遷稱：「苗裔句踐，苦身焦思，終滅强吴，北觀兵中國，以尊周室，號稱霸王。句踐可不謂賢哉！蓋有禹之遺烈焉。」

千百年來，紹興涌現出了諸多譽滿海内、雄稱天下的思想家，他們的著述世不絶傳、遺澤至今，他們的思想卓犖英發、光彩奪目。哲學領域，聚諸子之精髓，啓後世之思想。政治領域，以家國之情懷，革社會之弊病。經濟領域，重生民之生業，謀民生之大計。教育領域，育天下之英才，啓時代之新風。史學領域，創史志之新例，傳千年之文脉。

紹興是中國古典詩歌藝術的寶庫。四言詩《候人歌》被稱爲「南音之始」。於越《彈歌》是我國文學史上僅存的二言詩。《越人歌》是越地的第一首情歌、中國的第一首譯詩。山水詩的鼻祖，是上虞人謝靈運。唐代，這裏涌現出了賀知章等三十多位著名詩人。宋元時，這裏出了别開詩歌藝術天地的陸游、王冕、楊維楨。

紹興是中國傳統書法藝術的故鄉。鳥蟲書與《會稽刻石》中的小篆，影響深遠。中國的文字成爲藝術品之習尚；文字由書寫轉向書法，是從越人的鳥蟲書開始的。而自王羲之《蘭亭序》之後，紹興更是成爲中國書法藝術的聖地。翰墨碑刻，代有名家精品。

紹興是中國古代繪畫藝術的重鎮。世界上最早彩陶的燒製，展現了越人的審美情趣。「文身斷髮」與「鳥蟲書」，實現了藝術與生活最原始的結合。戴逵與戴顒父子、僧仲仁、王冕、徐渭、陳洪綬、趙之謙、任熊、任伯年等在中國繪畫史上有開宗立派的地位。

一九一二年一月，魯迅爲紹興《越鐸日報》創刊號所作發刊詞中寫道：「於越故稱無敵於天下，海岳精液，善生俊異，後先絡繹，展其殊才；其民復存大禹卓苦勤勞之風，同句踐堅確慷慨之志，力作治生，綽然足以自理。」可見，紹興自古便是中華文化的重要發源地與傳承地，紹興人更是世代流淌着「卓苦勤勞」「堅確慷慨」的精神血脉。

三

紹興有琳琅滿目的文獻，是中華文獻的縮影。

自有文字以來，文獻典籍便成了人類文明與人類文化的基本載體。紹興地方文獻同樣爲中華文明與中華文化的傳承發展，作出了傑出的貢獻。

中華文明之所以成爲世界上唯一没有中斷、綿延至今、益發輝煌的文明，在於因文字的綿延不絶而致的文獻的源遠流長、浩如煙海。中華文化之所以成爲中華民族有别於世界上其他任何民族的顯著特徵並流傳到今天，靠的是中華兒女一代又一代的言傳身教、口口相傳，更靠的是文獻典籍一代又一代的忠實書寫、守望相傳。

無數的甲骨、簡牘、古籍、拓片等中華文獻，無不昭示着中華文明的光輝燦爛、欣欣向榮，無不昭示着中華文化的廣博淵綜、蒸蒸日上。它們既是中華文明與中華文化的基本載體，又是中華文明與中華文化的重要組成部分，是十分重要的物質文化遺産。

紹興地方文獻作爲中華文獻重要的組成部分，積澱極其豐厚，特色十分明顯。

（一）文獻體系完備

紹興的文獻典籍根基深厚，載體體系完備，大體經歷了四個階段的歷史演變。

一是以刻符、紋樣、器型爲主的史前時代。代表性的，有作爲上山文化的小黄山遺址中出土的彩陶上的刻符、印紋、圖案等。

二是以金石文字爲主的銘刻時代。代表性的，有越國時期玉器與青銅劍上的鳥蟲書等銘文、秦《會稽刻石》、漢「大吉」摩崖、漢魏六朝時的會稽磚甓銘文與會稽青銅鏡銘文等。

三是以雕版印刷爲主的版刻時代。代表性的，有中唐時期越州刊刻的元稹、白居易的詩集。唐長慶四年（八二四），浙東觀察使兼越州刺史元稹，在爲時任杭州刺史的好友白居易《白氏長慶集》所作的序言中寫道：「揚、越間多作書模勒樂天及予雜詩，賣於市肆之中也。」這是有關中國刊印書籍的最早記載之一，説明越地開創了「模勒」這一雕版印刷的風氣之先。宋時，兩浙路茶鹽司等機關和紹興府、紹興府學等，競相刻書，版刻業快速繁榮，紹興成爲兩浙乃至全國的重要刻書地，所刻之書多稱「越本」「越州本」。明代，紹興刊刻呈現出了官書刻印多、鄉賢先哲著作和地方文獻多、私家刻印特色叢書多的特點。清代至民國，紹興整理、刊刻古籍叢書成風，趙之謙、平步青、徐友蘭、章壽康、羅振玉等，均有大量輯刊，蔡元培早年應聘於徐家校書達四年之久。

四是以機器印刷爲主的近代出版時期。這一時期呈現出傳統技術與西方新技術並存、傳統出版物與維新圖强讀物並存的特點。代表性的出版機構，在紹興的有徐友蘭於一八六二年創辦的墨潤堂等。另外，吴隱於一九〇四年參與創辦了西泠印社；紹興人沈知方於一九一二年參與創辦了中華書局，還於一九一七年創辦了世界書局。代表性的期刊，有羅振玉於一八九七年在上海創辦的《農學報》，杜亞泉於一九〇一年在上海創辦的《普通學報》，羅振玉於一九〇一年在上海發起、王國維主筆的《教育世界》，杜亞泉等於一九〇二年在上海編輯的《中外算報》，秋瑾於一九〇七年在上海創辦的《中國女報》等。代表性的報紙，有蔡元培於一九〇三年在上海創辦的《俄事警聞》等。

紹興文獻典籍的這四個演進階段，既相互承接，又各具特色，充分彰顯了走在歷史前列、引領時代潮流的特徵，總體上呈現出了載體越來越多元、內涵越來越豐富、傳播越來越廣泛、對社會生活的影響越來越深遠的歷史趨勢。

（二）藏書聲聞華夏

紹興歷史上刻書多，便爲藏書提供了前提條件，因而藏書也多。大禹曾「登宛委山，發金簡之書，案金簡玉字，得通水之理」（《吴越春秋》卷六），還「巡狩大越，見耆老，納詩書」（《越絶書》卷八），這是紹興有關采集收藏圖書的最早記載。句踐曾修築「石室」藏書，「晝書不倦，晦誦竟旦」（《越絶書》卷十二）。

造紙術與印刷術的發明和推廣，使得書籍可以成批刷印，爲藏書提供了極大便利。王充得益於藏書資料，寫出了不朽的《論衡》。南朝梁時，山陰人孔休源「聚書盈七千卷，手自校治」（《梁書·孔休源傳》），成爲紹興歷史上第一位有明文記載的藏書家。唐代時，越州出現了集刻書、藏書、讀書於一體的書院。五代十國時，南唐會稽人徐鍇精於校勘，雅好藏書，「江南藏書之盛，爲天下冠，鍇力居多」（《南唐書·徐鍇傳》）。

宋代雕版印刷術日趨成熟，爲書籍的化身千百與大規模印製創造了有利條件，也爲藏書提供了更多來源。特別是宋室南渡、越州升爲紹興府後，更是出現了以陸氏、石氏、李氏、諸葛氏等爲代表的藏書世家。陸游曾作《書巢記》，稱「吾室之内，或棲於櫝，或陳於前，或枕藉於床，俯仰四顧，無非書者」。《（嘉泰）會稽志》中專設《藏書》一目，説明了當時藏書之風的盛行。元時，楊維楨「積書數萬卷」（《鐵笛道人自傳》）。

明代藏書業大發展，出現了鈕石溪的世學樓等著名藏書樓。其中影響最大的藏書家族，當數山陰祁氏；影響最大的藏書樓，當數祁承㸁創辦的澹生堂，至其子彪佳時，藏書達三萬多卷。

清代是紹興藏書業的鼎盛時期，有史可稽者凡二十六家，諸如章學誠、李慈銘、陶濬宣等。上虞王望霖建天香樓，藏書萬餘卷，尤以藏書家之墨迹與鈎摹鐫石聞名。徐樹蘭創辦的古越藏書樓，以存古開新爲宗旨，以資人觀覽爲初心，成爲中國近代第一家公共圖書館。

民國時，代表性的紹興藏書家與藏書樓有：羅振玉的大雲書庫、徐維則的初學草堂、蔡元培創辦的養新書藏、王子餘開設的萬卷書樓、魯迅先生讀過書的三味書屋等。

根據二〇一六年完成的古籍普查結果，紹興全市十家公藏單位，共藏有一九一二年以前産生的中國傳統裝幀書籍與民國時期的傳統裝幀書籍三萬九千七百七十七種、二十二萬六千一百二十五册，分别占了浙江省三十三萬七千四百零五種的百分之十一點七九、二百五十萬六千六百三十三册的百分之九點零二。這些館藏的文獻典籍，有不少屬於名人名著，其中包括在别處難得見到的珍稀文獻。這是紹興這個地靈人傑的文獻名邦確實不同凡響的重要見證。

一部紹興的藏書史，其實也是一部紹興人的讀書、用書、著書史。歷史上的紹興，刻書、藏書、讀書、用書、著書，良性循環，互相促進，成爲中國文化史上一道亮麗的風景。

（三）著述豐富多彩

紹興自古以來，論道立説、卓然成家者代見輩出，創意立言、名動天下者繼踵接武，歷朝皆有傳世之作，各代俱見槃槃之著。這些文獻，不僅對紹興一地有重要價值，而且也是浙江文化乃至中國古代文化的重要組成部分。

一是著述之風，遍及各界。越人的創作著述，文學之士自不待言，爲政、從軍、業賈者亦多喜筆耕，屢有不刊之著。甚至於鄉野市井之口頭創作、謡歌俚曲，亦代代敷演，蔚爲大觀，其中更是多有内藴厚重、哲理深刻、色彩斑斕之精品，遠非下里巴人，足稱陽春白雪。

二是著述整理，尤爲重視。越人的著述，包括對越中文獻乃至我國古代文獻的整理。宋孔延之的《會稽掇英總集》，清杜春生的《越中金石記》，近代魯迅的《會稽郡故書雜集》等，都是收輯整理地方文獻的重要成果。陳橋驛所著《紹興地方文獻考録》，是另一種形式的著述整理，其中考録一九四九年前紹興地方文獻一千二百餘種。清代康熙年間，紹興府山陰縣吴楚材、吴調侯叔侄選編的《古文觀止》，自問世以來，一直是古文啓蒙的必備書，也深受古文愛好者的推崇。

三是著述領域，相涉廣泛。越人的著述，涉及諸多領域。其中古代以經、史與諸子百家研核之作爲多，且基本上涵蓋了經、史、子、集的各個分類，近現代以文藝創作爲多，當代則以科學研究論著爲多。這也體現了越中賢傑經世致用、與時俱進的家國情懷。

四

盛世修典，承古啓新，以「紹興」之名，行紹興之實。

紹興這個名字，源自宋高宗的升越州爲府，並冠以年號，時在紹興元年（一一三一）的十月廿六日。這是對這座城市傳統的畫龍點睛。紹興這兩個字合在一起，藴含的正是承繼前業而壯大之、開創未來而昌興之的意思。數往而知來，今天的紹興人正賦予這座城市、這個名字以新的意藴，那就是繼承中華優秀傳統文化，建設中華民族現代文明，爲實現中華民族偉大復興，作出自己新的更大的貢獻。

編纂出版《紹興大典》，正是紹興地方黨委、政府文化自信、文化自覺的體現，是集思廣益、精心實施的德政，是承前啓後、繼往開來的偉業。

（一）科學的決策

《紹興大典》的編纂出版，堪稱黨委、政府科學決策的典範。二〇二〇年十二月十一日，中共紹興市委八届九次全體（擴大）會議審議通過了關於紹興市「十四五」規劃和二〇三五年遠景目標的建議，其中首次提出要啓動《紹興大典》的編纂出版工作。

二〇二一年二月五日，紹興市第八届人民代表大會第六次會議批准了市政府根據市委建議編製的紹興市「十四五」規劃和二〇三五年遠景目標綱要，其中又專門寫到要啓動《紹興大典》的編纂出版工作。二月八日，紹興市人民政府正式印發了這個重要文件。

二〇二二年二月二十八日的中共紹興市第九次代表大會市委工作報告與三月三十日的紹興市九届人大一次會議政府工作報告，均對編纂出版《紹興大典》提出了要求。

二〇二二年九月十五日，紹興市人民政府第十一次常務會議專題聽取了《〈紹興大典〉編纂出版工作實施方案》起草情況的匯報，決定根據討論意見對實施意見進行修改完善後，提交市委常委會議審議。九月十六日，中共紹興市委九届二十次常委會議專題聽取《〈紹興大典〉編纂出版工作實施方案》起草情況的匯報，並進行了討論，決定批准這個方案。十月十日，中共紹興市委辦公室、紹興市人民政府辦公室正式印發了《〈紹興大典〉編纂出版工作實施方案》。

在中共紹興市委、紹興市人民政府研究批准的實施方案中，《紹興大典》編纂出版的各項相關事宜，均得以明確。

（二）嚴謹的體例

一是主要目標。系統、全面、客觀梳理紹興文化傳承脉絡，收集、整理、編纂、研究、出版紹興地方文獻，使《紹興大典》成爲全國鄉邦文獻整理編纂出版的典範和紹興文化史上的豐碑，爲努力打造「文獻保護名邦」「文史研究重鎮」「文化轉化高地」三張紹興文化的金名片作出貢獻。

二是收録範圍。《紹興大典》收録的時間範圍爲：起自先秦時期，迄至一九四九年九月三十日，部分文獻酌情下延。地域範圍爲：今紹興市所轄之區、縣（市），兼及歷史上紹興府所轄之蕭山、餘姚。內容範圍爲：紹興人的著述，域外人士有關紹興的著述，歷史上紹興刻印的古籍善本和紹興收藏的珍稀古籍善本。

三是編纂方法。對所録文獻典籍，按經、史、子、集和叢五部分類方法編纂出版。

根據實施方案明確的時間安排與階段劃分，在具體編纂工作中，采用先易後難、先急後緩，邊編纂出版、邊深入摸底的方法。即先編纂出版情況明瞭、現實急需的典籍，與此同時，對面上的典籍情況進行深入的摸底調查。這樣的方法，既可以用最快的速度出書，以滿足保護之需、利用之需，又可以爲一些難題的破解争取時間；既可以充分發揮我國實力最强的專業古籍出版社中華書局的編輯出版優勢，又可以充分借助與紹興相關的典籍一半以上收藏於我國古代典籍收藏最爲宏富的國家圖書館的優勢。這是最大限度地避免時間與經費上的重複浪費的方法，也是地方文獻編纂出版工作方法上的創新。

另外，還將適時延伸出版《紹興大典·要籍點校叢刊》《紹興大典·文獻研究叢書》《紹興大典·善本影真叢覽》等。

（三）非凡的意義

正如紹興的文獻典籍在中華文獻典籍史上具有重要的影響那樣，編纂出版《紹興大典》的意義，同樣也是非同尋常的。

一是編纂出版《紹興大典》，對於文獻典籍的更好保護——活下來，具有非同尋常的意義。歷史上的文獻典籍，是中華文明歷經滄桑留下的最寶貴的東西。然而，這些瑰寶或因天災人禍，或因自然老化，或因使用過度，或因其他緣故，有不少已經處於岌岌可危甚至奄奄一息的境況。

編纂出版《紹興大典》，可以爲系統修復、深度整理這些珍貴的古籍争取時間；可以最大限度呈現底本的原貌，緩解藏用的矛盾，更好地方便閱讀與研究。這是文獻典籍眼下的當務之急，最好的續命之舉。

二是編纂出版《紹興大典》，對於文獻典籍的更好利用——活起來，具有非同尋常的意義。歷史上的文獻典籍，流傳到今天，實屬不易，殊爲難得。它們雖然大多保存完好，其中不少還是善本，但分散藏於公私，積久塵封，世人難見；也有的已成孤本，或至今未曾刊印，僅有稿本、抄本，秘不示人，無法查閱。

編纂出版《紹興大典》，將穿越千年的文獻、深庋密鎖的秘藏、散落全球的珍寶匯聚起來，化身萬千，走向社會，走近讀者，走進生活，既可防它們失傳之虞，又可使它們嘉惠學林，也可使它們古爲今用，文旅融合，還可使它們延年益壽，推陳出新。這是於文獻典籍利用一本萬利、一舉多得的好事。

三是編纂出版《紹興大典》，對於文獻典籍的更好傳承——活下去，具有非同尋常的意義。歷史上的文獻典籍，能保存至今，是先賢們不惜代價，有的是不惜用生命爲代價換來的。對這些傳承至今的古籍本身，我們應當倍加珍惜。

編纂出版《紹興大典》，正是爲了述録先人的開拓，啓迪來者的奮鬥，使這些珍貴古籍世代相傳，使蘊藏在這些珍貴古籍身上的中華優秀傳統文化世代相傳。這是中華文化創造性轉化、創新性發展的通途所在。

編纂出版《紹興大典》，是紹興文化發展史上的曠古偉業。編成後的《紹興大典》，將成爲全國範圍内的同類城市中，第一部收録最爲系統、内容最爲豐贍、品質最爲上乘的地方文獻集成。

紹興這個地方，古往今來，都在不懈超越。超乎尋常，追求卓越。超越自我，超越歷史。《紹興大典》的編纂出版，無疑會是紹興文化發展史上的又一次超越。

道阻且長，行則將至；行而不輟，成功可期。「後之視今，亦猶今之視昔」；「後之覽者，亦將有感於斯文」（《蘭亭集序》）。讓我們一起努力吧！

馮建榮

二〇二三年六月十日，星期六，成稿於寓所

二〇二三年中秋、國慶假期，校改於寓所

編纂説明

紹興古稱會稽，歷史悠久。

大禹治水，畢功了溪，計功今紹興城南之茅山（苗山），崩後葬此，此山始稱會稽，此地因名會稽，距今四千多年。

大禹第六代孫夏后少康封庶子無餘於會稽，以奉禹祀，號曰「於越」，此爲吾越得國之始。《竹書紀年》載，成王二十四年，於越來賓。是亦此地史載之始。

距今兩千五百多年，越王句踐遷都築城於會稽山之北（今紹興老城區），是爲紹興建城之始，於今城不移址，海内罕有。

秦始皇滅六國，御海内，立郡縣，成定制。是地屬會稽郡，郡治爲吴縣，所轄大率吴越故地。東漢順帝永建四年（一二九），析浙江之北諸縣置吴郡，是爲吴越分治之始。會稽名仍其舊，郡治遷山陰。由隋至唐，會稽改稱越州，時有反復，至中唐後，「越州」遂爲定稱而至於宋。所轄時有增減，至五代後梁開平二年（九〇八），吴越析剡東十三鄉置新昌縣，自此，越州長期穩定轄領會稽、山陰、蕭山、諸暨、餘姚、上虞、嵊縣、新昌八邑。

建炎四年（一一三〇），宋高宗趙構駐蹕越州，取「紹奕世之宏庥，興百年之丕緒」之意，下詔從建炎五年正月改元紹興。紹興元年（一一三一）十月己丑升越州爲紹興府，斯地乃名紹興，沿用至今。

歷史的悠久，造就了紹興文化的發達。數千年來文化的發展、沉澱，又給紹興留下了燦爛的文化載體——鄉邦文獻。保存至今的紹興歷史文獻，有方志著作、家族史料、雜史輿圖、文人筆記、先賢文集、醫卜星相、碑刻墓誌、摩崖遺存、地名方言、檔案文書等不下三千種，可以説，凡有所録，應有盡有。這些文獻從不同角度記載了紹興的山川地理、風土人情、經濟發展、人物傳記、著述藝文等各個方面，成爲人們瞭解歷史、傳承文明、教育後人、建設社會的重要參考資料，其中許多著作不僅對紹興本地有重要價值，也是江浙文化乃至中華古代文化的重要組成部分。

紹興歷代文人對地方文獻的探尋、收集、整理、刊印等都非常重視，並作出過不朽的貢獻，陳橋驛先生就是代表性人物。正是在他的大力呼籲下，時任紹興縣政府主要領導作出了編纂出版《紹興叢書》的決策，爲今日《紹興大典》的編纂出版積累了經驗，奠定了基礎。

時至今日，爲貫徹落實習近平總書記系列重要講話精神，奮力打造新時代文化文明高地，重輝「文獻名邦」，中共紹興市委、市政府毅然作出編纂出版《紹興大典》的決策部署。延請全國著名學者樓宇烈、袁行霈、安平秋、葛劍雄、吴格、李岩、熊遠明、張志清諸先生參酌把關，與收藏紹興典籍最豐富的國家圖書館等各大圖書館以及專業古籍出版社中華書局展開深度合作，成立專門班子，精心規劃組織，扎實付諸實施。《紹興大典》是地方文獻的集大成之作，出版形式以紙質書籍爲主，同步開發建設數據庫。其基本内容，包括以下三方面：

一、《紹興大典》影印精裝本文獻大全。這方面内容囊括一九四九年前的紹興歷史文獻，收録的原則是「全面優」，也就是文獻求全收録；同一文獻比對版本優劣，收優斥劣。同時特別注重珍稀性、孤罕性、史料性。

《紹興大典》影印精裝本收録範圍：

時間範圍：起自先秦時期，迄至一九四九年九月三十日，部分文獻可酌情下延。

地域範圍：今紹興市所轄之區、縣（市），兼及歷史上紹興府所轄之蕭山、餘姚。

内容範圍：紹興人（本籍與寄籍紹興的人士、寄籍外地的紹籍人士）撰寫的著作，非紹興籍人士撰寫的與紹興相關的著作，歷史上紹興刻印的古籍珍本和紹興收藏的古籍珍本。

《紹興大典》影印精裝本編纂體例，以經、史、子、集、叢五部分類的方法，對收録範圍内的文獻，進行開放式收録，分類編輯，影印出版。五部之下，不分子目。

經部：主要收録經學（含小學）原創著作；經校勘校訂，校注校釋，疏、證、箋、解、章句等的經學名著；爲紹籍經學家所著經學著作而撰的著作，等等。

史部：主要收録紹興地方歷史書籍，重點是府縣志、家史、雜史等三個方面的歷史著作。

子部：主要收録專業類書，比如農學類、書畫類、醫卜星相類、儒釋道宗教類、陰陽五行類、傳奇類、小説類，等等。

集部：主要收録詩賦文詞曲總集、别集、專集，詩律詞譜，詩話詞話，南北曲韻，文論文評，等等。

叢部：主要收録不入以上四部的歷史文獻遺珍、歷史文物和歷史遺址圖録彙總、戲劇曲藝脚本、報章雜志、音像資料等。不收傳統叢部之文叢、彙編之類。

《紹興大典》影印精裝本在收録、整理、編纂出版上述文獻的基礎上，同時進行書目提要的撰寫，並細編索引，以起到提要鉤沉、方便實用的作用。

二、《紹興大典》點校研究及珍本彙編。主要是《紹興大典》影印精裝本的延伸項目，形成三個成果，即《紹興大典·要籍點校叢刊》《紹興大典·文獻研究叢書》《紹興大典·善本影真叢覽》三叢。

選取影印出版文獻中的要籍，組織專家分專題開展點校等工作，排印出版《紹興大典·要籍點校叢刊》；及時向社會公布推出出版文獻書目，開展《紹興大典》收録文獻研究，分階段出版研究成果《紹興大典·文獻研究叢書》；選取品相完好、特色明顯、内容有益的優秀文獻，原版原樣綫裝影印出版《紹興大典·善本影真叢覽》。

三、《紹興大典》文獻數據庫。以《紹興大典》影印精裝本和《紹興大典·要籍點校叢刊》《紹興大典·文獻研究叢書》《紹興大典·善本影真叢覽》三叢爲基幹構建。同時收録大典編纂過程中所涉其他相關資料，未用之版本，書佚目存之書目等，動態推進。

《紹興大典》編纂完成後，應該是一部體系完善、分類合理、全優兼顧、提要鮮明、檢索方便的大型文獻集成，必將成爲地方文獻編纂的新範例，同時助力紹興打造完成「歷史文獻保護名邦」「地方文史研究重鎮」「區域文化轉化高地」三張文化金名片。

《紹興大典》在中共紹興市委、市政府領導下組成編纂工作指導委員會，組織實施並保障大典工程的順利推進，同時組成由紹興市爲主導、國家圖書館和中華書局爲主要骨幹力量、各地專家學者和圖書館人員爲輔助力量的編纂委員會，負責具體的編纂工作。

《紹興大典》編纂委員會

二〇二三年五月

史部編纂説明

紹興自古重視歷史記載，在現存數千種紹興歷史文獻中，史部著作占有極爲重要的位置。因其内容豐富、體裁多樣、官民兼撰的特點，成爲《紹興大典》五大部類之一，而别類專纂，彙簡成編。

按《紹興大典·編纂説明》規定：「以經、史、子、集、叢五部分類的方法，對收録範圍内的文獻，進行開放式收録，分類編輯，影印出版。五部之下，不分子目。」「史部：主要收録紹興地方歷史書籍，重點是府縣志、家史、雜史等三個方面的歷史著作。」

紹興素爲方志之鄉，纂修方志的歷史較爲悠久。據陳橋驛《紹興地方文獻考録》（浙江人民出版社，一九八三年版）統計，僅紹興地區方志類文獻就「多達一百四十餘種，目前尚存近一半」。在最近三十多年中，紹興又發現了不少歷史文獻，堪稱卷帙浩繁。

據《紹興大典》編纂委員會多方調查掌握的信息，府縣之中，既有最早的府志——南宋二志《（嘉泰）會稽志》和《（寶慶）會稽續志》，也有最早的縣志——宋嘉定《剡録》；既有耳熟能詳的《（萬曆）紹興府志》，也有海内孤本《（嘉靖）山陰縣志》；更有寥若晨星的《永樂大典》本《紹興府志》，等等。存世的紹興府縣志，明代纂修並存世的萬曆爲最多，清代纂修並存世的康熙爲最多。

家史資料是地方志的重要補充，紹興地區家史資料豐富，《紹興家譜總目提要》共收録紹興相關家譜資料三千六百七十九條，涉及一百七十七個姓氏。據二〇〇六年《紹興叢書》編委會對上海圖書館藏紹興文獻的調查，上海圖書館館藏的紹興家史譜牒資料有三百多種，據紹興圖書館最近提供的信息，其館藏譜牒資料有二百五十多種，一千三百七十八册。紹興人文薈萃，歷來重視繼承弘揚耕讀傳統，家族中尤以登科進仕者爲榮，每見累世科甲、甲第連雲之家族，如諸暨花亭五桂堂黄氏、山陰狀元坊張氏，等等。家族中每有中式，必進祠堂，祭祖宗，禮神祇，乃至重纂家乘。因此纂修家譜之風頗盛，聯宗聯譜，聲氣相通，呼應相求，以期相將相扶，百世其昌，因此留下了浩如煙海、簡册連編的家史譜牒資料。家史資料入典，將遵循「姓氏求全，譜目求全，譜牒求優」的原則遴選。

雜史部分是紹興歷史文獻中内容最豐富、形式最多樣、撰者最衆多、價值極珍貴的部分。記載的内容無比豐富，撰寫的體裁多種多樣，留存的形式面目各異。其中私修地方史著作，以東漢袁康、吴平所輯的《越絶書》及稍後趙曄的《吴越春秋》最具代表性，是紹興現存最早較爲系統完整的史著。

雜史部分的歷史文獻，有非官修的專業志、地方小志，如《三江所志》《倉帝廟志》《螭陽志》等；有以韻文形式撰寫的如《山居賦》《會稽三賦》等；有碑刻史料如《會稽刻石》《龍瑞宫刻石》等；有詩文游記如《沃洲雜詠》等；有珍貴的檔案史料如《明浙江紹興府諸暨縣魚鱗册》等；有名人日記如《祁忠敏公日記》《越縵堂日記》等；有綜合性的歷史著作如海内外孤本《越中雜識》等；也有鉤沉稽古的如《虞志稽遺》等。既有《救荒全書》《欽定浙江賦役全書》這樣專業的經濟史料，也有《越中八景圖》這樣的圖繪史料等。舉凡經濟、人物、教育、方言風物、名人日記等，應有盡有，不勝枚舉。尤以地理爲著，諸如山川風物、名勝古迹、水利關津、衛所武備、天文医卜等，莫不悉備。

這些歷史文獻，有的是官刻，有的是坊刻，有的是家刻。有特別珍貴的稿本、鈔本、寫本，也有珍稀孤罕首次面世的史料。由於《紹興大典》的編纂出版，這些文獻得以呈現在世人面前，俾世人充分深入地瞭解紹興豐富多彩的歷史文化。受編纂者學識見聞以及客觀條件之限制，難免有疏漏錯訛之處，祈望方家教正。

《紹興大典》編纂委員會

二〇二三年五月

剡録 十卷

〔宋〕史安之修，〔宋〕高似孫纂

清道光八年（一八二八）刻本

影印説明

《剡録》十卷，宋史安之修，宋高似孫纂，清道光八年（一八二八）刻本。半葉九行行二十二字，小字雙行同，白口，單魚尾，左右雙邊。原書版框尺寸高19.2釐米，寬13.7釐米。書前有嘉定七年（一二一四）高似孫序，嘉定八年史安之序。書後有道光八年時任嵊縣知縣李式圃及山陰人朱渌跋。序首葉鈐「會稽周氏」，卷一首葉鈐「苦雨齋藏書印」，書前題記云：「民國廿四年一月十七日從琉璃廠文禄堂書店得此書，歸後翻檢，乃見有吾鄉周梅隱先生校語併題記，至可喜也。知堂記於北平市苦茶庵中。」可知爲周作人舊藏。

史安之，字子田，鄞縣人，嘉定初知嵊縣，訪高似孫作《剡録》。高似孫，字續古，號疏寮，鄞縣人，淳熙十一年（一一八四）登進士第，歷任秘書省校書郎、著作佐郎及紹興府會稽主簿、徽州通判等職，後於紹定初年由處州知府致仕，晚年居於剡。高似孫可謂家學有自，其父高文虎歷任國史院編修、實録院檢討等職，著有《史記注》一百二十卷。因此，高似孫自幼便熟讀經史典籍，著述頗丰，今傳世著作除《剡録》外，另有《史略》《子略》《緯略》《蟹略》《硯箋》等。

《剡録》是嵊縣現存最早的一部縣志。「剡在漢爲縣，在唐爲嵊州，未幾復爲縣。本朝宣和間以剡爲兩火一刀不利於邑，故更今名。」（見史安之《序》）宋代地方官纂修州縣志書多以古地名爲書名，如《（嘉泰）會稽志》，故此書亦名《剡録》。此書流傳版本較爲複雜，主要有鈔本、刻本兩個系統，現存最早鈔本爲「四庫全書」本，另有黄丕烈鈔本、李盛鐸藏舊鈔本等；現存最早刻本爲清道光八年刻本，由時任知縣李式圃主持整理刊刻，另有清同治九年（一八七〇）嚴思忠刻本、清光緒十四年（一八八八）邵武徐氏刻本等。

此次影印，以國家圖書館藏清道光八年刻本爲底本。另據《中國地方志聯合目録》，上海圖書館、南京圖書館、嘉興圖書館等亦有收藏。

民國廿四年一月十七日從琉璃厰文祿堂書店得此書歸後翻檢乃見有吾鄉周梅隱先生校語并題記至可喜也　知堂記於北平市苦茶庵中

知堂

道光八秊栞

剡錄

嵊署藏版

序

山陰蘭亭禊剡雪舟一時清風萬古冰雪王謝抱經濟具二戴深經學奈何純日高逸也嗚呼山川顯晦人也人隱顯天也天下多奇山川而一禊一雪致有爽氣可謂人矣江左人物如此然二戴剡王謝亦剡孫阮輩又剡非天乎漢迨晉永和六百餘年右軍諸人乃識剡永和至皇宋嘉定幾千年史君尹剡訪似孫錄剡事剡始有史桑欽水經酈道元註道元魏人先儒辨其北事詳南事畧似孫鄞人也如其精覈俟剡人

宋嘉定甲戌高似孫序

序

剡在漢爲縣在唐爲嵊州未幾復爲縣本朝宣和間以剡爲兩火一刀不利於邑故更今名邑舊有鄉四十後分十有三别爲新昌縣今所存纔二十七鄉耳夫州縣之名雖數變更然山川之靈蓋自若也使剡古而有志則歷代因革廢興之典百世可知也予懼夫後之視今亦猶今之視昔故爲剡録十卷録皆高氏所作凡山川城池版圖官治人傑地靈佛廬仙館詩經畫史草木禽魚無所不載度此版可支百年後之人毋以印刓而輒廢斯書也

宋嘉定八年歲次乙亥縣令鄞人史安之序

剡錄目次

宋高似孫著

卷一

卷二

卷三

人士（孝行）　列女　仙道　高僧

卷四

古奇蹟　古阡

卷五

書　文

卷六上下

詩

卷七

畫　紙　古物

剡錄卷一

宋高似孫著

縣紀年

越都督紹興府爲縣八望曰嵊縣宇書曰四山爲嵊四水爲霅縣有嵊山酈道元水經曰嶀山與嵊山相連又有嵊亭十道志曰剡至嵊亭絕湍險商客往來皆以裝束齊僕射張稷宰此縣生子名嵊字四山虞騫至嵊亭詩命楫尋嘉會信次歷山原捫蘿上雲亂與石下雷奔澄潭寫度鳥空嶺應鳴猿榜歌唱將夕商子處方昏

漢剡縣屬會稽郡道書曰兩火一刀可以逃言剡多名山可以避災也梁載言十道志曰讖曰兩火一刀可以逃自漢以來擾亂不少故剡稱福地梅福四明山記曰魏楊德祖至四明山逢一老人老人曰我

見澗中涌泉流一金刀兩仙人把神火趁之可往尋之德祖行前見兩人把神火及得水中金刀可長二尺二人者見德祖倏去德祖曰兩火成炎字炎邊得刀是爲剡字因號剡溪又曰剡山德祖爲銘二百字刻此峯羅隱剡景詩兩火一刀罹亂後會須乘興月中行

唐武德四年平李子通唐鄭言有平剡錄一卷以剡縣立嵊州及剡城縣八年廢嵊州及剡城以剡縣仍屬越州趙嘏發剡中詩王懷王謝俯長流更覽餘封識嵊州樹邑老依官舍晚溪聲涼傍客衣秋南巖氣爽橫郛郭天姥雲晴拂寺樓日暮不堪還上馬蓼花風起路悠悠趙嘏詩蓋用嵊州也

宋宣和三年方臘平改剡縣爲嵊縣知越州劉述古言剡有兵火象欲以嵊名縣詔從之

城境圖

城　按漢剡縣城在今縣東北舊經曰嵊城周十二里高一丈厚二丈輿地志曰城開門向江縣不開南門開卽有寇唐武德中立剡城縣有城池栝蒼管晉修城記曰會稽縣八剡爲清勝承平日久横目習治庚子之冬睦寇狂勃剡寇應之縣有城壘圯勿克守爲賊巢穴明年春帥劉公述古統制一道掃清賊黨謂令張誠發庀徒虔事課工督程出緡粟以僦夫辟地段以就役甫閱旬朝完壁高堞城之環亘十有二里未幾寇率其徒擁梯壁下仰視完壯失氣奪邑將兵出銳掩之俘馘自是竄伏孽不熾焉侯智宏遠知所先務借不急此孰與民保時績維茂磨石無愧宣和三年作

門

東曰東曦西曰西成南曰望仙北曰通越

坊

坊二十四曰訪戴秀興字民佐理集賢招提繼錦通安繼孝齊禮遷善桃源兆慶迎春嘉會仁德弦歌醴泉清河進德妙音豐義成俗化民

鎮

縣東一百步爲剡鎮出舊經今廢邑民於縣西惠安寺前池內得一石題曰贍都鎮又曰當鎮奉敕旨重開河池以防火燭己丑歲二月日開北淨池天慶觀有錢氏時東都文移葢稱杭爲西都越爲東都此鎮卽是剡鎮

錢氏有所更易耳　又蛟井鎮在縣西南一十五里舊經日山下有井井有蛟因是爲名宣和四年置

寨

長樂鄉寨在縣西南五十里宣和三年知越州劉述古奏置

管界寨在縣西七十里紹興二十年浙東諸司奏創

境

在府東南一百八十里境東西二百七十六里南北七十里東至奉化縣一百四十里界陸照嶺西至諸暨縣

一百三十六里界勞績嶺南至新昌縣一十五里界胡塍北至會稽縣五十五里界池湖東南到新昌縣界一十五里西南到東陽縣界九十里東北到上虞縣界六十六里西北到會稽縣界六十二里

鄉

崇信鄉有休祥甘泉竹山懷安剡中里

箴節鄉有灌濤昇仙馴習思善澄江里

靈山鄉有欽義下閘靜安守義崇孝里

金庭鄉有昌化善政維新永寧緣德里

忠節鄉有三峯孝嘉石鼓忠節脩仁里
孝節鄉有新豐從化招安綏安方山里
孝嘉鄉有石鼓桐柏安樂忠節安義里
崇仁鄉有感化霞邱靜林歸善愛敬里
永富鄉有克遜西清東關餘風禪房里
崇安鄉有澄清懷善依賢化俗清安里
富順鄉有長敬新安溫泉慈烏里
清化鄉有懷善開明欽賢習善招賢里
羅松鄉有紫巖雙壁中川斷金豐樂里

剡元鄉有尊賢澹城中和光明崇善里
昇平鄉有承霞靜豐尚賢太和五山里
仁德鄉有甘棠永樂餘糧歸仁金塘里
方山鄉有全節永壽懷仁通山光德里
禮義鄉有長安仙林平樂懷忠新安里
桃源鄉有永闓白泉長樂崇信安居里
積善鄉有南巖雙璧中川豐樂斷金里
繼錦鄉有馴善攀轅鳴弦戴星遷星里
開元鄉有靜居過鄉招仁居賢冰魚里

長樂鄉有崑山陽明剡元義禮寧安里

太平鄉有壁潭擇賢懷仁建昌懷信里

康樂鄉有遊謝宿剡竹山康樂感化里

遊謝鄉有康樂明登宿星暝投吹臺里

靈芝鄉有石牀東節正錡化善里

水經曰吳黃門郎楊京明居嵊縣宏訓里考之地圖今無此里也笙節舊經曰笙音無字書曰笙黄也本草通曰蕪繼錦舊名治化天聖中邑人史綸登進士第其子叔軻繼之縣令魏炎改今名齊唐題史氏西園詩戴水寒流對軒檻桃源深徑入漁樵陳克詩雨裏落帆遊謝鄉寒聲古木共荒凉四山爲我洗蒼玉況有故人歸上方故人汪彥章也

時寓東山國慶院

官治志

縣治據剡山之陽歷坡而升樓觀竦峙頗似會稽府譙登眺所臨溪山陳象如顧凱之所云千巖競秀萬壑爭流者孔曄會稽記曰剡縣治在江東吳賀齊令剡始移今治公廳相値舊有德星堂名迎薰堂今堂既廢扁榜亦不存所可考者有宣和間盧天驥詩云剡溪詩尹亦何人作堂餉客名迎薰雖無桃李繼潘令紅梅一窠香入雲東有東園有四山閣閣規模卑隘寖就傾圮園存斷碑而已嘉定八年尹史安之誅茅營新屋且撤舊而更之增敞縣樓廣四

山閣即廳之東爲堂復舊迎薫之名其北爲面山堂累石成山玲瓏盤錯因山之址注水爲池雜藝卉竹相與映發亭榭參錯殆十餘所皆史尹之所創也

古令長

吳卜靜字元風吳都人爲剡令

賀齊字公苗山陰人爲剡長吏斯從爲姦斬之從族黨糾合千餘人攻縣齊開城門擊破之

晉周翼郗鑒之外甥少遇饑亂賴鑒得存郗亡翼爲剡縣令解職歸心喪三年以報其德後歷青州刺史少府卿

謝奕字無奕陳郡陽夏人父裒爲吏部尚書奕少有器鑒歷郡太守掾爲剡令有一老翁犯法謝以醇酒罰而遣之累遷豫州刺史追贈鎮西大將軍

李充字宏度江夏鄳人初辟丞相掾嘗歎不被遇殷揚州知其家貧問君能屈志百里否李答曰北門之歎久已上聞窮猿奔林豈暇擇木遂授剡縣令

殷曠之仲堪子有父風仕至剡令

宋王鎮之字伯重祖耆之位中書郎父隨之上虞令鎮之爲剡令並有能名

周顒字彦倫宋明帝頗好元理以顒有辭義引入殿內親近宿直帝所爲慘毒顒輒誦經中因緣罪福爲之少止元徽中爲剡令有恩惠百姓思之

齊張稷字公喬母疾時稷年十一侍養夜不解帶每劇則累夜不寢及終毀瘠過制杖而後起州里謂之純孝齊永明中爲豫章王嶷主簿以貧求爲剡令會山賊唐寓之作亂稷率厲部人保全縣境

梁王懷之剡令

陳徐陵剡令

唐張子胄剡令

皇朝令題名

周在田　晁

陳求古　譚雍

魏炎　葢參

林概　章珣

過昱　沈振

丁寶臣　聶長卿

胡格　高安世

劉繪　江相
鄭宗回　晏明遠
宋順國　施佐一名仲素
侯臨　蘇駉
賈公達宣德郎元豐六年是年新官制行　宋廣國
錢長卿　王知元
吳賁　史祈
劉旦　張諤
呂必强　俞應之

剡録　卷一

符綬　程容
張慶遠　鄒秉鈞
孫汝秩　宋旅
孫潮　莫伯軫
應彬　楊植
宋宗年　范仲將
姜仲開　錢墌
趙不退　毛鐸
郭康年　蔡純誠

韓晦　李耆年
趙湨之　郭契夫
趙伯楙　任望之
蘇詡　吳幬
陳嘉謨　李耆碩
張商卿　韓元脩
鄭逸民　季光弼
戚欽亮　張注
李拓　陳謨

葉籛　劉槼

周悅　詹乂民

滕璘　胡大年

謝槼伯　趙汝遇

史安之　蔣志行

趙彥傳　魏峘

蔣峴

劉長卿寄剡中諸官詩

訪舊山陰縣，扁舟到海涯。故林嗟滿歲，春草憶佳期。晚景千峯亂，晴江一鳥遲。桂香留客處，楓暗泊舟時。舊石曹娥篆，空山夏禹祠。剡溪多隱吏，君去道相思。

許渾送剡縣薛明府詩 車馬楚城壕清歌送濁醪露花羞
別淚煙草讓歸袍鳥浴春塘暖猿
吟暮嶺高尋仙在
仙骨不用廢牛刀

方干和陳明府登縣樓詩 郭裏人家如掌上簷前樹木映
窗櫺煙霞若接天台地分野應
侵婺女星驛路古今通北闕仙溪日夜入
東溟綵衣才子多吟嘯公退時時見畫屏

方干送剡縣陳永秩滿歸越詩 俸祿三年後程途一月間
舟中非客路鏡裏是家山
密雪霑行袂離盃變別顏
古人唯賀滿今挈解由還

王荆公寄丁元珍詩 溪水渾渾來自北千山抱水清相射
山深水急無艇子欲從故人安可得
故人昔日此水上樽酒扁舟慰行役津亭把酒坐一笑
我喜滿顏君動色論新講舊惜未足落日低佪已催客
離心自醉不復飲秋果初寒空滿席今年卻坐相逢處
惆悵相逢別時迹可憐溪水自南流安得溪舟問消息

陸經送丁中允宰剡詩 塵土官曹幾處閒君今作邑好開顔落帆直向剡溪口入境先登天姥山魚鳥半和風俗處雲霞多雜簿書閒雪晴須去尋安道莫作經宵興盡還

王平父送聶剡縣兼呈沈越州詩 剡溪清瀉映檀欒天姥花飛載酒船憶我少年來蠟屐羨君今日去鳴弦從容入樂漁樵外瀟灑詩隨簿領邊太守相逢應見問爲言多病憶林泉

丞治在縣之東南佐理坊治東有日哦軒

題名

季祐之　林通

苗元裔　毛亶

沈昇　常樟

趙士叟　　許穀

曾緦　　劉佺

呂橫　　王中孚

時璹　　韓愿胄

章騆　　周玭

吳枬　　高子津

陳成　　梁立

吳道夫　　陳彭壽

項鄂　　唐仲義

蘇彬　陳昌年

楊浚　樓潚

俞杭　沈俊心

解汝爲　楊遵

張子榮　應泰之

趙宗謖　劉厚南

王彝倫

簿治縣之右依剡山巔有登眺趣山址多林樾嘉定八年尹史安之創建於縣左訪戴驛之舊址治有朔風堂

題名

文繩世　劉士野
吳雍　陳友仁
司馬僖　蔣鐔
刁駿　靳擴
蘇林　江濤
鄭圭　趙崇規
葉梓　趙善恕
陳秉禮　鄭宰
鄭伯行　邊沂

錢觀光　趙源夫

姜强立　徐愿

李密　沈文煥

沈悉　趙必鼎

羅隱寄剡溪主簿詩金庭養真地朱篆勾稽宫境勝堪長往時危喜暫安洞連滄海闊山擁赤城寒他日拋塵土因君擬鍊丹

梅聖俞寄剡溪主簿臧子文詩剡溪無淺深歷歷能見底潛鱗莫苦窺塵紱聊堪洗古木潭上陰遺祠巖下啟應識道傍碑因風奠醪醴

尉治鄰丞治之東治西有吏隱軒

题名

吳秉　宋易

薛鎡　韓晝

干閎　楊矩

程衎　侯杞

林懋能　祝溥

陸釜　杜師顏

吳正國　張永

魏興祖　趙師向

謝深甫　　陳紀

于汝功　　鍾闡

林昇　　向士貴

趙塈　　錢聞善

胡之邵　　宋元老

趙崇原　　支文

趙彥垠　　吳元章

任謙之　　黃飛

姜漸　　邵三傑

權官治治在縣南三十步爲梲所廳舊在縣東遷善坊縣尹史安之移於縣西之化民坊

社志

社舊經在西南後移在北嘉定八年尹史安之重建於縣西

學志

崇寧二年以舊學增建五年六月罷八月復置五學十區爲緡錢一千四百三十有七糧爲斛一千五百四十學長諭直學各一人齋長諭各一人學生文士五十八人武生闕焉小學敎諭一人小長一人學生四十八人出政和學制嘉定八年尹史安之得絕產

舊經載孔子廟堂在縣東南慶歷八年縣令丁寶臣所創

臨川王安國平父爲記今不存

脩學碑慶歷八年五月旦　太子中允丁寶臣

天之道運乎上地之道處乎下聖人之道行乎其中一物不生非天地之道一民不治非聖人之道自堯舜禹湯文武成康至孔子千餘年治天下者同其道也亂天下者異其道也剡令沈振初作學舍未及完而徙他官寶臣至則嗣而成之遷殿於其中塑孔子像高弟十人配坐左右新門巖巖廳門耽耽兩序翼翼中庭砥平今與

學者春秋釋奠朔望朝謁於斯學也其可廢乎噫聖道與天地無窮天地毀則聖人之道或幾乎熄學其可廢乎宣和中燼於盜建炎元年令應彬建孔子殿後三年蜀郡范仲將始置廊廡又明年淄川姜仲開始大之

脩學碑 紹興五年九月甲午 王銍 汝陰

嵊西南隅羣峯之麓下臨剡溪山川環拱氣象雄張有學焉慶歷八年令丁元珍始加興葺宣和初焚於兵建炎元年令應侯彬建孔子禮殿三年春蜀郡范侯仲將崇廊廡備像設因其舊而升大之又明年淄川姜仲開以學爲急又建學堂移殿廡與門南向致厚於學者靡不

至也落成於紹興五年秋先王建學校匪在弦誦威儀以德行道藝致養成就其才將以明師友之道世無師友道不傳也孔門答問獨於顏子告其大者子夏子張爲諸侯師子貢築室原憲棄仕所被者遠也孔子没而學進者曾子也一以貫之許之以道矣曾子傳子思子思傳孟子所謂忠恕所謂誠明所謂養氣一也今夫辯足以使四方勇足以將三軍一爲不善不足以訶僕妾氣懾失據不在大也是未聞孟子曾子子思大勇乎學者顯窮齊致生死不變蹈道自樂至於没齒不可一日

廢其常心而已晉南渡王謝孫李支許之倫初過浙江爲剡中山水清放之遊一時稱高曾不知邑東餘姚有諸馮之地舜所生也其北會稽之地禹所没也舜禹功被萬世而有見於遺俗亦聞聖人之至德乎汜侯俊明高爽健於立事姜侯剛明廉肅政在急吏寬民人大化服郁郁然洙泗之風矣儒學爲吏師政事出經術戎馬之間力興學校知急所先所立卓矣俾刻於石知所勸焉性之外舅曾公袞以書稱此記曰會稽之地但知王謝風流不知諸馮禹穴實爲風俗所繫其有益世教乎

脩學碑 乾道癸巳七月 左奉議郎主管台州崇道觀 周汝士

簿栝蒼江公尉臨海謝公視事之初謁夫子廟歷視傾欹上漏下溼諸生無所歸因愀然曰政孰先於此同心之言其應如響於是定規模審材用聚餱糧命徒庸弊者葺之壞者新之課有限試有法誘掖不倦發於至誠諸生激昂日進於學剡之文治烱然一變蓋數十年未有也古之仕者以其所學後之仕者以其所不學古之學者一毫未盡而使之仕雖聖人有所不能後之學者幸而入政往往視所學爲空言謾不知省日從事於斯吾

知爲政而已也不知所學爲何如也昔曾修泮宫從公於邁無小無大蜀起學宫邦人向化鴻儒奇士間生特起異時摛藻天庭淵源四海如游夏輩可不知所自耶

新學舊在縣西五十步嘉定七年尹史安之移建於縣西南繼錦坊爲屋百區前有泮水秀異亭

嘉定七年史安之行尹事三歎舊宫荒窳士失肄業相攸剡山庚兌之隅樂其崇峻敞開山水明美如杜子美所謂剡溪秀異李太白所謂剡水石清妙者迺匠新宇巘巘巍巍志於鑑風致琢趨楚也嗚呼作學非難也繼難也繼非難也知爲難也然豈無知者乎晉湛方生修學

教曰嶺居雲霞之標澤流清曠之氣山秀水清荆璞在此剡山水有之魏曹植孔子廟頌曰修復舊廟豐其甍宇莘莘學徒爰居爰處王教既修永作憲矩剡學者圖之（高似孫遷建學宮碑記）

新學記

袁燮

嵊古剡也剡溪蘊秀異欲罷不能忘杜少陵之詩云爾夫秀異之氣周流磅礴鍾爲人物必有資稟英粹爲時翹楚者其可輕哉燮庀職成均日延四方士相與款語觀其爲人有端方者有謹厚者有志氣不羣者有俊敏可

喜者品彙雜然未易枚舉非獨通都大邦人材之所自
出雖僻郡小邑亦未嘗乏人因是思人才之生何地蔑
有今猶古也維古盛時待士類甚厚長養磨淬不厭不
倦良心德性日益著明於是乎皆爲善士隨才器使有
功有業即今之士類而以古人長養磨淬之道與之周
旋遲以歲月則亦當有不可勝用之才豈不甚可貴哉
不惟膠庠如是抑郡若縣之學皆能用是以淑士類承
學之流躍然奮發者亦必多有之茲理甚明任是責者
不可不勉四明史侯之爲嵊宰也悼學宮之壞棟撓柱

歎嵗嵗將壓俊秀朋來肆業無所欲一新之役大而費廣資諸衆力義不可彊則以身任之曰事未有不可爲者節浮冗窒滲漏裕財之源用由是足主簿徐君愿甚偉玆舉曰此吾所欲爲顧力不逮爾議罔不合事由是集舊學在城之隈地非爽塏氣鬱不舒周覽以求勝處乃得今地臨流負山面勢宏傑經始於去秋而告具於今春自大成殿至於兩廡重門自明倫堂至於東西齋序自倉庫至於庖湢凡屋百間堅壯軒豁遂成偉觀而纖芥不擾士業其中雍雍愉愉有雲飛川湧之適倏及

主簿君皆有書來屬燮識之燮不敢辭侯名安之字子由太師之孫今丞相之從子生長金玉淵海之間益自砥礪不溺豪習而留意於學宮如此可謂知本務矣諸生涵濡教育何以報稱亦惟有志於道靜觀此心與天地同本與聖賢同類我欲爲善誰能禦之充火然泉達之端謹揠苗茅塞之戒更相磨厲儒風大振則侯之至望也尚勉之哉嘉定八年四月乙未朝散郎試祕書少監兼國子司業兼國史院編修官實録院檢討官袁燮記

淵源堂孔門像

剡周氏作淵源堂製先聖十哲坐像列畫七十二子爲一堂闢富學輝聲集彦擢秀恢義五齋又有細論堂藴秀軒同襟館蘭馨室時永嘉王公十朋居師席台溫秀士咸在館塾王公記曰孟子曰君子深造之以道欲其自得之也說者因孟子之言論淵源之學本乎自得非傳授所能嗚呼是見孟子之言不究孟子之不必言也夫欲造道於未得之前不資諸師友可乎必深造而後能自得非孟子有所不能言未有舍師友而自能深造者

此又孟子所不必言也孟子知性爲善知道莫大乎仁
義爲七篇書其自得有如此者世之學者多矣自得者
鮮父兄之教子弟固非無師友也命之之意殆不過傳
句讀習文詞爾鮮有及乎道學之淵源望其深造自得
可乎周君手誡子孫曰親師友之淵源噫君之家訓過
人一等矣慮子若孫懈而勿遵爲名其堂且記其事似
孫曰家有塾黨有庠古人之教也王公之記其敘若此
豈不足以裨風化美習俗乎取以系諸學

進士登科題名

史　綸　天聖五年王堯臣榜
史叔軻　綸之子景祐元年張唐卿榜
茹　約　慶歷二年楊寘榜
茹　開　皇祐五年鄭獬榜
姚　勔　嘉祐四年劉輝榜
史安民　熙寧九年徐鐸榜
黃　特　元祐六年馬涓榜
求移忠　紹聖元年畢漸榜
姚舜明　紹聖四年何昌言榜
求元忠　崇寧二年霍端友榜
黃唐傑　宣和三年何煥榜
馬　佐　紹興十二年陳誠之榜
茹紹庭　紹興十五年劉章榜
周汝士　紹興十八年王佐榜
茹　驤　紹興十八年王佐榜
周汝能　紹興二十七年王十朋榜
周之綱　淳熙二年詹騤榜上舍
唐　錡　淳熙二年詹騤榜

白公焯　淳熙十一年衛涇榜　　石宗萬　淳熙十四年王容榜

周之瑞　淳熙十四年王容榜上舍　　郭　綽　淳熙十四年王容榜

宋叔壽　紹熙四年陳亮榜　　石宗魏　慶元元年鄒應龍榜

王復明　慶元五年曾從龍榜　　茹　駿　慶元五年曾從龍榜

石孝溥　慶元五年曾從龍榜　　任必萬　開僖元年毛自知榜

過文煥　開僖元年毛自知榜　　周之章　嘉定元年鄭自誠榜上舍

茹　彧　嘉定四年趙建大榜　　姚　鏞　嘉定十年吳潛榜

周宣子　嘉定十年吳潛榜　　過必宋　嘉定十三年劉渭榜上舍

周溶孫　嘉定十六年蔣重珍榜

廩

舊在縣西山頭嘉定八年尹史安之移置縣前

驛

驛名訪戴舊在縣左之訪戴坊嘉定八年尹史安之重建於東門之外水行而舟陸行而車皆於此判袂人以爲得津堠之要焉

艤雪樓

嘉定八年尹史安之新創出東門在訪戴驛之南下俯清溪前列疊嶂樓之下扁曰剡川一曲

戴溪亭

出南門枕碧溪有戴溪亭佳山清湍芊林古渡蔚茂平遠盡入臨眺王銍戴溪亭詩碧玉仙壺表裏清我來閒伴白雲行四山迤邐青圍野一水蜿蜒碧遶城試問春來觀秀色如何雨後聽寒聲老人飛馭煙霞外落日空含萬古情又詩天上東風轉斗星天涯羈客尚飄萍道途只謾經殘歲風雪那堪客旅亭春到怯添雙鬢白夜寒愁對一燈青絶憐萬古淒涼恨不計樽前一醉醒王梅溪戴溪亭詩剡水照人碧剡山隨眼青吾來非雪興暫

上戴溪亭尚書芮公輝持憲節登此亭賦詩溪山之興無時盡興盡名亭意可知出岫孤雲含細雨投林宿鳥愛深枝風流已是千年事公案今成七字詩短棹悠然隨所適人生出處要如斯亭舊名戴溪芮公更爲興盡今仍舊名

放生池

出北門半里有亭名恩波亭之前後皆有池

版圖

田爲畮三十七萬五千七百三十八廢者爲畮八千四百

二十今爲畮三十六萬七千三百一十有二嘉定以後畮
夏輸上供折帛錢爲緡四萬二千四百一十有九和買爲絹一萬八千四百五十有一捐其坍失者合輸絹萬有八千二百二十有九綢二百六十有九綿爲兩二萬三千一百一十捐其坍失者合輸兩二萬七百七十有八茶租爲緡七百四十小緡二百五十爲緡一千五百四十米爲斛二萬四百蠲閣者斛五百有七合輸斛一萬九千剡田厥上依溪作碑厥中陂池爲利厥下者以雲

雨爲豐凶其得陂磅者十不能二三故田事磽薄農人艱難他州豐剡不能全熟而又稅重科濫催督罕輕使已納者不復輸合科者不復過則田磽農艱尚庶幾焉

縣郭爲戶一千一百九十四爲丁一千八百九十五嘉定以後

鄉落爲戶三萬二千爲丁五萬六千八百一十八嘉定以後

兵籍

尉司弓兵一百人

長樂寨兵一百人
管界寨兵一百人

剡録卷一終

炎錄　卷一

剡錄卷二

宋高似孫著

山水志 用酈道元注水經凡例

剡山爲越面縣治府宅其陽北出一峯曰星子峯比他山稱峻竦岡隴迢遞與星婺脈絡其下曰剡坑清湍潺潺行竹樹陰坑左右多果卉西爲聖潭山深而松秀中有潭穴泓泓可勺沃州記曰東南山水越爲首剡爲面其山巔屹起一峯上有浮圖號曰白塔詩僧仲皎結廬於此曰閑閑菴汝陰王銍賦詩賀家湖東剡溪曲白塔出林山斷續雪中興盡酒船空境高地勝何繇俗誰結禪居在上方山房曲折隨山麓箇中非動亦非靜自是白雲簷下宿世傳秦始王東遊使人劚此

山以泄氣土坑深千餘丈號剡坑山王銍有剡坑探梅
詩嶺上寒梅自看栽山斜一半似屏開春寒點點枝頭
雨上有東流水過來坑澗之水清激可愛又多花果東爲嵊山山有嵊亭帶山臨江松嶺森蔚沙水平淨嵊山在東三十里水經曰山下有亭亭帶山臨江松嶺森蔚沙渚平淨又東爲簟山山勢平整如設筦簟有白巖龍祠碧潭淵淵用于霖雨其下衆流趨導湍石汎激浮險四注在東三十一里有白巖神祠并龍潭祈禱輒驗舊經曰山遥望之如鋪簟又東有四明山千崗萬崖巍與天敵陽巖陰嶂怪蹟可稽有謝遺塵居在東五十里高二百一十丈周回二百一十里又綿亘上虞餘姚間會稽地記曰四明山高峯軼日雲岫蔽天梅福四明山記曰四明山境四周回八百餘里內通八百餘家居之共山四面形勢各有區分東爲驚浪之山西拒

奔牛之壟南則驅羊之勢北起走蛇之峭其中通一溪曰簟溪東面七十峯號鷩浪山其境接句章東爲句章之地西面山狀如奔牛山中有五峯形如芙蓉號芙蓉峯正是四明山之心其峯有巖及石壁二峯生五種之芝自然花藥南七十峯狀如驅羊號驅羊峯其地宛轉吐出清澗有七峯甚奇一澗出南過一百二十里其水歸鄞江南源是四明山南門也其溪號爲白溪西南有八峯如晉囊號八囊山向北有兩山如走蛇山足澗深七十餘里是四明之北門梅福四明山記四明山四面二百八十峯周回八百餘里山内生銀蘭香草藥石乳梓松柏樫黄楊茗樹石燕毛竹銀筍不死之鹽孫綽天台賦曰渉海則有方丈蓬萊登陸則有四明天台皮日休詩窗間有眞宰四遠見蒼崖山中有九題者謝遺塵所居也張士遜送高學士如越詩山影四明接溪聲萬壑流彭汝礪送越帥程公闢詩一水北鄞千里海萬峯南揖四明山

絶東爲三峯山其陰與鄞之雪竇山接嶺數亘澗道奔流又有南山黄山

與白石三山秀峙卓立水經曰東有簟山南有黃山又與白石三山爲縣之秀峯東爲石鼓山山有祠所謂石鼓者人踐焉石輒響答東五十里有石鼓神祠沃州記曰北對四明而金庭石鼓介焉諸暨縣亦有石鼓山又有動石山山下通臨溪溪中巨石數百磊磊天欲雨石必先動山剡深潭以宅龍物東五十里又東爲丹池山積翠縹渺雲霞所興神仙之宮也池有水赤色勻之潔白縣東七十二里舊桐柏山唐天寶六載改爲丹池道經曰上有桐柏合生下有丹池赤水南岳眞人曰越有桐柏金庭與四明天台相連神仙之宮也眞誥曰桐柏山高一萬五千丈周回八百里四面視之如一其一頭在會稽東海際其一頭入海中是金庭不死之鄉在桐柏之中方四十里上有黃雲覆之樹則蘇紆朱碧泉則石髓金精其山臺盡五色金也經

丹水而行有洞天從中過在剡臨海二縣之境是爲金庭洞天晉右軍羲之居焉墨池書樓遺雅不絕金庭洞天天台華頂之東門也名山洞天記曰二十七洞天曰金庭周回三百里名金庭崇妙之天在剡縣唐裴通記曰剡中山水之奇麗金庭洞天也案上青經洞天在天台桐柏山中方四十里其北門在此山小香爐峯頂人莫見之又曰晉王右軍家於此山書樓墨池舊制仍在南齊道士褚伯玉於此置金庭觀乃右軍之家也其南爲刻石山山舊有衞夫人碑山之半有巨井井有蛟南三十里十道志曰一名穿山相傳以刻石爲名不知文字所在昇明末縣人倪襲祖行獵見山上有文凡三處苔生其上刮苔視之其大石文曰黃天星姓蕭氏道成得賢師天下太平舊經曰或言衞夫人碑墮此中因以爲名唐寶歷元年觀察使元稹使人訪碑不獲然剡山之奇深重複皆聚乎西其西曰太白山小白山

峻極崔嵬吐雲含景趙廣信所仙也雙石筍對立如闕

有趙廣信丹井廣信鍊九華丹於此山側剡水在山之陽瀑泉怒飛清波崖

谷稱瀑布嶺嶺中產仙茗宋褚伯玉嘗隱兹峯西六十里夏侯曾先地志曰峻極崔嵬吐雲含景與小白山接趙廣信於此山鍊九華丹真誥曰趙廣信陽城人魏末渡江來此山師李法成服炁法又授師左君守元中之道徹視五藏或入城市賣藥莫知其年歲後白日升天山有白猿赤獾又有鳥似雞文采五色口吐綬長數尺號吐綬鳥雙石筍各長五六丈對立如闕瀑泉飛下號瀑布嶺土人亦稱西白山按宋書褚伯玉隱身求志居剡縣瀑布山三十餘載揚州辟議曹從事皆不就齊高帝爲之築太平館華鎮瀑布嶺詩序曰在嵊縣西六十里福善所集蔚有靈氣昔產仙茗寰宇記曰瀑布嶺屬餘姚蓋此山連接餘姚縣界

在東白山立嘯猿亭疎山軒仲皎題東白山嘯猿亭詩放意在雲

表飄然更自由挂煙羣木冷啼月一山秋裊裊清風裏凄凄碧澗頭三聲融妙聽行客若爲愁又仲皎題疏山軒詩竹外泉聲急松心月色寒入間推曠絶只是倚欄杆

在西白山有一禪師道場

二禪師道場 仲皎遊西白山一禪師二禪師道場詩勝境東西白高僧一二禪只知行道處不記住山年澗月平分照林花各自妍披雲尋舊址猶在絳峯邊

作齊雲閣 仲皎題西白山齊雲閣詩山雲吹斷路頭開此處疑穿月脇來怪底行人看碧落笑談容易作風雷

築菴居 仲皎題西白山觀雪詩西白名山處那堪帶雪觀四圍銀世界一色玉峯巒夜色和天冷清暉放月寒溪梅初一二著意爲渠看又詩啼切孤猿曉更哀柴門半掩白雲來山童問我歸何晚昨夜梅花一半開又詩無地卓錐生計難且空雙手到林間猥隨碧水占明月堅打白雲賒好山巖石空邊依草舍藤蘿低處著松關年來老去知何許合向人間占斷閑

又爲鹿苑山山有葛仙翁祠祠下有二石甕蹲峙

石崖壁立懸瀑十數丈下注石穴滙爲龍潭鹿苑寺西源出山巔二小石穴湧流至葛仙翁祠下出二石甕間又一里許石崖壁立瀑布十餘丈下潴爲潭頃歲旱投符潭內劃然有聲俄頃水盡黑電自潭發雨驟至如響又西爲五龍山又曰烏豬山重岡複嶺峯巒蟬聯老木虬松青蓊失日水自真如山其來迢迢或奔或滙爲靈潭者五龍抱雲雨又西北爲葛峴山西北二十里高僧竺法崇居焉孔淳之訪之信宿不去又西曰響巖雲雨畬作巖輒有聲巖亦有神龍井縣西山有龍潭石門山縣西山有龍潭下有沸水在溪穴間周二三尺如湯沸滾滾四時不休然水流渾渾不足尚也貴門山縣西有細嶺山有三懸潭山下有普濟龍祠給事李易有詩云巘分佳茗風潭蠹怪松書

疑黄石授稅可紫芝供抵玉邪驚鵠探珠欲近龍晚來聽盡雨乞水濯塵容又鐵騎侵淮海龍潭路始通雲生迷寶刹月出現珠宮瀉澗泉噴薄依巖樹鬱葱神交難獨擅吾黨契元同又題龍潭壁詩貴門今是鹿門山盡室扶攜萬壑間流水相隨真自悟遙岑一望若爲攀風翻竹隝清如洗月過松扉靜不關潭底臥龍煩一起正須霖雨濟塵寰

其山崖嶂干雲崚嶒森錯老蝙蝠如鴉亂飛絕西爲仙巖山峭矗峯入天一峯尤卓立其餘諸山皆聳峭崚嶒壁立萬仞佳木老樹陰翳森挺山有石洞有仙人蹟可愛數八又有三泉迸出石穴不假斤鑿渾然天成有龍居之

其東北曰了山山有餘糧嶺東北十二里有餘糧嶺產禹餘糧又有禹祠

其北有謝巖山北十五里山有謝仙君祠康樂所遊也山隩深峭被以榛箭有巨澗奔激清湍崩石映帶左右入於溪下爲三墜嶺下視深川紺碧

一色又北曰舜皇山山最崇巃岡嶺複深有舜井焉又北曰嶀山兩岸峻壁乘高臨水深林茂竹表裏輝映其間傾澗懷煙泉溪引霧吹畦風馨觸岫延賞縣北四十四里地輿志曰自上虞七十里至溪口從溪口溯江上數十里兩岸峻壁乘高臨水深林茂竹表裏輝映名爲嶀嵊磧瀨迅湍以至剡也水經曰嶀山與嵊山接其間傾澗懷煙泉溪引霧吹畦風馨觸岫延賞王元琳謂之神明境事見謝康樂山居記水經注曰嶀山山嶠壁立臨江欹路峻狹不得幷行行者牽木稍進不敢俯視西有一孤峯飛禽罕至山嶺頂樹下有十二方石地甚光潔嘗有採藥者沿山見通蹊至此還復更尋遂迷前路又北有石牀謝靈運所垂釣也其下爲剡溪口水深而清曰嶀浦潘閬晚泊嶀浦寄剡縣劉既員外詩曉泛剡溪水晚見剡溪山徘徊住行棹待月思再還漁唱深潭

上鳥棲高樹閒應常金石友念我無暫閒又東北曰車騎山謝元之居也右濱長江左傍連山平陵脩通澄湖遠鏡於江曲起樓樓側悉是桐梓森聳可愛號桐亭樓舊經曰昔車騎將軍謝元爲會稽内史嘗於北山立樓居止後人因以爲名水經曰嶀山東北太康湖謝元舊居右濱長江左傍連山平陵脩通澄湖遠鏡於江曲起樓樓側悉是桐梓森聳可愛號桐亭樓山中有三精舍高甍凌虛垂簷帶空俯眺平林煙杳在下水陸寧晏足爲避地之鄉江有琵琶圻圻有古冢墮水甓有隱起字云筮吉龜凶八百年落江中謝靈運取甓詣京師咸傳觀焉舊經引謝靈運經此有詩云曩趾即先築故池不更穿果木有舊行壤石無遠連按此詩康樂還舊園作贈顏延年自注即始寧園也始寧今上虞縣有西莊別墅存焉然舊經載於此未考

剡以溪有聲清川北注下與江接樂史寰宇記曰在縣南一百五十步其水

合山流爲溪殆如顧愷之所謂萬壑爭流者其源有四
一自天台山北流會於新昌入於溪一自婺之武義西
南流經東陽復東流與北流之水會於南門入於溪其
一導鄞之奉化由沙溪西南轉北至杜潭入於溪一自
台之寧海歷三坑西繞爲三十六渡與杜潭會出浦口
入於溪合四流爲一入於江舒元輿弔谿藤文謂剡溪
上緜四五百里則未考也會稽郡記曰會稽境特多名
山水潭壑鏡徹清流瀉注惟剡溪有之王子敬云從山
陰道上行山川自相映發使人應接不暇若秋冬之際

九難爲懷子敬所云豈惟山陰特剡溪九過耳元和郡國志曰溪出縣西南北流入上虞爲江是溪也朱放謂之剡江詩曰月在沃州山上人歸剡縣江邊李端謂之戴家溪詩曰戴家溪北住雪後去相尋方干謂之戴灣詩曰戴灣衝瀨片帆通高枕微吟到剡中陸龜蒙謂之剡汀詩曰歸鴻吳島盡殘雪剡汀銷林概謂之嵊水詩曰溪連嵊水與何盡路接仙源入自迷齊唐謂之戴逵灘詩曰春樹深藏嶀浦曲夜猿孤響戴逵灘自上虞江七十里至溪口輿地志曰上虞七十里至溪口張籍詩所謂春雲剡溪口殘月鏡湖西陸經詩落帆直上剡溪口入境先登天姥山也溪

口爲嵊浦蒼崖壁立下束清流深者爲淵淺者爲灘磧有山盤跱下臨清深是爲長官祠一曰嵊浦廟祠下爲嵊潭水多巨魚漁人蘆子所藏集自嵊浦十里至楮樹五里至黃沙五里至强口八里至了溪傍爲故港八里至浦口四里至竹山五里至吳家莊十里至戴溪亭二十里至蛟井七里至桃源二十里至大明寺二十里至皇覺寺晉王子猷居山陰夜雪初霽四望皓然獨酌酒詠左思招隱詩忽憶戴逵逵時在剡便乘小舟詣之造門不前而返曰本乘興而行興盡而返何必見安道耶李太白詩曰試問剡溪道東南指越鄉舟從廣陵去水入會稽長杜甫詩剡溪蘊秀異天姥引歸帆劉長卿詩曰鳥道通閩嶺山光落剡溪朱放詩曰月在沃州山上人歸剡縣江邊李端詩曰興來空憶戴不似剡溪時戴叔倫詩曰心知剡溪路聊且寄前期又曰那能有餘興不作剡溪尋戎昱詩曰心繫征帆上隨君到剡溪賈島詩曰何當折松葉拂石剡

溪陰溪得雨易漲涉晴易涸而爲淵潭者輒聚沙成磧爲邱衍者又復爲大淵渟不止高岸可谷深谷可陵亦幾於蓬萊清淺幾見桑田矣其曰了溪者推禹功也東北五里源出了山舊經曰禹鑿了溪人方宅土王銍僧湛然了溪詩序曰水逆行謂之洚水今浙江之潮逆行之水也禹因三江入海順水性自然處以告成功故剡溪謂之了溪又有東渡西渡南渡水經曰江水翼縣轉注故有東渡西渡焉南渡通臨海並汎單船爲浮航西渡通東陽併二十五船爲橋航王性之有雪後渡西溪詩雪後孤邨一段煙晴光遠照王山川酒旗隔步招閑客獨上西溪渡口船其以水利著者曰黃塘北三里漢塘北二十五里新塘西三十里廣利塘西三十里有小池在黃沙與塘相距甚遠人言與塘通塘水灌溉或竭則小池水爲減塘水採漁或渾則小池水爲

之渾其以湖稱爲愛湖南三里曰東湖西湖西三十里東湖瀰漫

兩傍蔭以長松殊有爽氣

剡錄卷二終

剡錄卷三

宋高似孫著

先賢傳 謝承作會稽先賢傳鍾離岫作會稽後賢傳今倣此作傳唐脩晉史凡晉人士奇辭逸語往往刊落知者惜之今取諸晉雜史庶於晉人風度有所載焉

人士

戴逵字安道譙國人居剡祖碩父綏並有名位逵有清操性高潔不樂當世以琴書自娛善圖畫巧丹青爲文綺藻常以禮度自處深以放達爲非年十餘歲在瓦官寺畫王長史見之曰此童非徒能畫亦終當致名恨吾老

不見其盛時耳孝武時以散騎侍郎國子博士累召辭父疾不就郡縣敦逼不已乃逃於吳會稽內史謝幼度慮其遠遁不返上疏請絕其召命帝許之逵還剡召之復不至吳國內史王珣有館在虎邱山乃潛往珣山中謝元王珣並表逵焉謝太傅本輕逵見但與論琴書逵既無吝色而談琴書愈妙謝悠然知其量晉安帝紀曰逵有清操性甚快暢泰於娛生好鼓琴善屬文尤樂遊讌多與高門風流者遊談者許其通隱屢辭徵命遂著高尚之稱逵既厲操東山而其兄逯欲建式遏之功戴氏譜曰逯字安直譙國人祖碩父綏有名位逯以武勇顯有功封廣陵侯仕至大司農謝曰卿兄弟志業何其

太殊途曰下官不堪其憂家弟不改其樂

謝敷字慶緒會稽人澄清寡欲入太平山十餘年以母老還南山若耶中內史郗愔表之徵博士不就嘗於剡中造風林寺敷崇信釋氏以長齋爲業初月犯少微少微一名處士星占者以隱士當之戴安道有美才時人惜之俄而敷死會稽人士嘲曰吳中高士求死不得死

郗超字景興高平人司空愔之子也少卓犖不羈有曠世度累遷中書郎司徒左長史超每聞欲高尚隱退者輒爲辦百萬資并爲造立居宇在剡爲戴公起宅甚精整

戴始往舊居與所親書曰近至剡如官舍

謝奕作剡令中興書曰謝奕字無奕陳郡陽夏人祖衡太子少傅父裒吏部尚書奕少有器鑒辟太尉掾剡令累遷豫州刺史有一老翁犯法謝以醇酒罰之乃至過醉而猶未已太傅時年七八歲著青布袴在兄膝邊坐諫曰阿兄老翁可念何可作此奕於是改容曰阿奴欲放去耶遂遣去

李宏度常歎不被遇中興書曰李充字宏度江夏鄳人也祖康父矩皆有美名充初辟丞相掾記室參軍以貧求剡縣遷大著作中書郎殷揚州知其家貧問君能屈志百里否李答曰北門之歎久已上聞窮猿奔林豈暇擇木

遂授剡縣

戴教字長雲安道子也爲散騎常侍與顒並高蹈俗外三葉肥遁世稱清風家盈素氣故使箕潁重輝夷皓疊蹟爲海內所稱焉前後辟命不就出吳地志

戴顒字仲若安道子也剡多名山故世居剡下與兄並受琴於父父没所傳之聲不忍復奏各造新弄兄制五部顒制十五部顒又制長弄一部並傳於世桐廬縣又多名山復共遊之因留居止兄卒顒以桐廬僻遠難養疾出居吳下吳下士人共爲築室聚石引水植林開澗乃

述莊周大旨逍遙論釋禮記中庸篇元嘉中召不就止京口黃鵠山北竹林精舍宋文帝每欲見之常謂黃門侍郎張敷曰吾東巡之日當晏戴公山下也卒年六十四出沈約宋書

阮裕字思曠陳留尉氏人也祖畧齊國内史父顗汝南太守少有德行出中興書淹通有理識居會稽剡縣志尚肥遁出阮裕別傳在東山蕭然無事常内足於懷出世說除東陽太守徵侍中皆不就有以問王逸少逸少曰此公不驚寵辱雖古之沈冥何以過此劉眞長曰我入東正當泊安

石渚下耳不敢復近思曠傍在東山終日靜默無所脩
綜而物自宗焉卒葬剡山出晉書
阮傭字彥倫裕長子仕至州主簿出阮氏譜
阮萬齡裕之孫少知名家在剡縣頗有素情宋永初末自
侍中解職東歸
王羲之字逸少司徒導從子也家世貧約恬暢樂道未嘗
以風塵經懷出王導別傳祖正尚書郎父曠淮南太守元帝
之過江也曠創其議羲之有英譽風骨清舉出晉安帝記高
爽有風氣不類常流出宋文帝文章志朝廷公卿皆奇其才器

爲右軍將軍會稽内史初渡浙江便有終焉之志時孫興公與支道林共載往逸少因論莊子逍遥遊作數千言才藻新奇逸少披襟留連不能已出世說慕會稽佳山水名遂居焉剡金庭觀稱右軍故宅有書樓墨池

王徽之字子猷羲之子性卓犖不羈出晉中興書爲大司馬桓溫參軍溫曰卿在府久比當相料理初不答以手版拄頰云西山朝來致有爽氣出世說嘗居山陰夜雪初霽月色清朗四望皓然獨酌酒詠左思招隱詩忽憶戴逵逵時在剡便夜乘小舟訪之經宿方至造門不前而返人

問其故徽之曰本乘興而行興盡而返何必見安道耶
子敬與子猷書道伯兄蕭索寡會遇酒則酣暢忘返乃
自可矜

謝元字幼度與從兄朗俱爲叔父安所器重轉征西將軍
苻堅入寇朝廷求文武良將安以元應舉郗超歎曰元
不負所舉吾嘗見其使才雖履屐之間亦得其任於是
徵拜建武將軍監江北諸軍事大破苻堅遂經畧舊都
加都督七州會翟遼張願叛元上疏送節盡求解所職
又以疾辭授散騎常侍會稽內史元輿疾之郡居嶀山

東北太康湖江曲起樓樓側桐梓森聳人號桐亭出酈道元水經注卒葬始寧有文集十卷三子曜宏徵皆歷顯位

王洽字敬和導諸子中最知名與荀羨俱有美稱歷散騎中書郎又加中書令穆帝詔書稱其清裁嘗遊剡出白居易沃州記

劉恢字道生沛國人識局明濟有文武才王濛每稱其思理淹通蕃屏高選爲車騎司馬年三十六卒贈前將軍出宋明帝文章志嘗入剡出沃州記

許詢字元度高陽人有才藻善屬文出續晉陽秋與孫興公皆

一時名流（出世說）俱有負俗之談卒不降志（出文章志）能淸言於時人士皆欽慕仰愛之（出晉中興書）劉尹云淸風朗月輒思元度（出世說）父皎晉元帝渡江遷會稽內史因居焉（許氏譜曰元度母華軼女）詢隱居不仕召爲朝議郎不就築室永興縣蕭然自致乃號其岫曰蕭然山（楊巨源詩許詢本愛交禪侶陳寔由來是好兒　耿湋詩許詢淸論重寂寞住山陰野客投寒寺閑門傍古林海田秋熟早湖水夜漁深世上窮通理誰能奈此心）入剡山莫知所止或以爲昇仙（出晉中興書）

殷融陳郡人歷太常吏部尚書仲堪其子也有才操仲堪子曠之爲剡令有父風時融病虛悸聞牀下蟻鬭謂是

牛闢會遊剡出沃洲記

孫綽字興公家會稽博涉經史出文章志與兄統爲文選言簡章清綺絶倫出續文章志綽遊放山水十有餘年作遂初賦以致其意遊剡中出沃洲記

王濛字仲祖太原晉陽人濛神氣清韶放邁不羣檢尚雅正外絶榮競辟司徒掾中書郎出王長史別傳嘗遊剡焉

何充字次道廬江人思韻淹通有文章才情累遷會稽內史侍中揚州刺史出晉陽秋嘗入剡出沃洲記

王坦之字文度述之子與郗超俱有重名歷散騎常侍大

司馬嘗遊剡（出沃洲記）臨死與謝安桓冲書不及私惟憂國家事

謝朗字長度安次兄據之長子文義豔發名亞於元仕至東陽太守（出晉陽秋）嘗至剡中（出沃洲記）謝太傅寒雪內集俄而雪驟公欣然曰白雪紛紛何所似兄子胡兒曰（胡兒郎小字也）撒鹽空中差可擬兄女曰未若柳絮因風起公大笑樂兄女即大兄無奕女左將軍王凝之妻也（婦人集曰道蘊有文才所著詩賦誄頌傳於世）

袁宏字彥伯陳郡人謝安賞宏機捷辨速自吏部郎出爲

東陽郡祖於冶亭時賢皆集安欲卒迫試之執手將別顧左右取一扇而贈之宏應聲答曰輒當奉揚仁風慰彼黎庶合坐歎其要捷（出晉陽秋）嘗入剡（出沃洲記）彪有逸才文章絕麗曾爲詠史詩是其風情所寄（彪宏小字出續晉陽秋）

王脩字敬仁太原晉陽人父仲祖也脩明秀有美稱爲著作佐郎琅琊王文學轉中軍司馬未拜而卒時年二十四王弼之沒與脩同年脩弟熙歎曰無愧於古人而年與之齊也曾入剡（出沃洲記）

謝萬字萬石太傅安弟也才氣高儁蚤知名歷吏部中郎

將豫州刺史散騎常侍（出中興書）嘗入剡（出沃洲記）萬善屬文能談論爲八賢論謂漁父屈原季主賈誼楚老龔勝孫登嵇康也（出中興書）

蔡系字子叔濟陽人司徒謨第二子有文理仕至撫軍長史（出晉中興書）嘗曰韓康伯雖無骨幹亦自膚立嘗入剡（出沃洲記）

孔淳之字彥深魯人少高尚居剡性好山水每有所遊必窮幽峻或旬日忘歸嘗遇桑門披衿領契自以爲得意之交（出王智深宋記）與戴顒王宏之敬宏等共爲人外之遊會

稽太守謝方明苦要之不能致使謂曰苟不入吾郡何爲入吾郭淳之笑曰潛遊者不識其水巢棲者不辨其林飛沈所至何問其主終不肯往茅室蓬戶庭草蕪徑唯牀上有數帙書（出沈約宋書）元嘉初徵爲散騎侍郎乃逃於上虞界中家人莫知所在

謝靈運陳郡陽夏人移籍會稽幼聰慧善屬文舉筆立成文章之盛獨絕當時（出文選名人錄）襲封康樂遷祕書丞出爲臨海太守及經山陰防禦（出元嘉起居注）郡有名山水靈運素所愛好遂肆意遊遨父祖並葬始寧有宅墅脩營舊業

傍山帶江盡幽居之美嘗入剡有詩曰旦發清溪陰暝
投剡中宿
孔稚珪字德璋山陰人早立名譽風韻清疎好文詠當時
名士陸慧曉謝瀹張融何點沈淵相與爲君子之交盛
營山水不樂世務徵侍中不行又拜詹事嘗入剡從褚
伯玉授道伯玉死稚珪爲於太平館立碑
張嵊稷之子稷初爲剡令至嵊亭生子因名嵊字四山嵊
雅有志操能清言起家祕書郎累遷湘東王長史王暇
日元言因爲之筮得節卦謂嵊曰卿後當東入爲郡恐

不得終嵊曰貴得其所耳還爲大府卿吳興太守侯景圍建鄴率兵赴援授嵊征東將軍嵊曰天子蒙塵何情復受榮號賊行臺劉神茂攻破義興遣使說嵊嵊斬其使遣軍破神茂侯景遣其中軍侯子鑒助神茂擊嵊軍敗死節元帝追贈侍中開府儀同三司謚忠貞

朱士明剡人齊舉茂才梁天監初授儒林博士除吏部尚書封漢昌侯

賀知章字季真越永興人性曠夷姑子陸象先曰季真清譚風流一日不見則鄙吝生矣肅宗爲太子遷賓客拜

祕書監知章晚節誕放號四明狂客祕書外監天寶初病夢遊帝居請爲道士還鄉以宅爲千秋觀帝賦詩乞鏡湖剡川一曲賜之

秦系字公緒越州會稽人有詩名天寶間避地剡川作麗句亭郡守改其居曰秦君里（出秦隱君詩序）北都留守薛兼訓奏爲右衛率府倉曹參軍不就建中初結廬於泉南九日山穴石爲研注老子（系詩曰終當避世喧自注五千言）刺史薛播數往見之張建封聞不可致請就加校書郎（系寄建封詩日少是煙霞客潭深得釣魚不知芸閣上還校幾多書）姜公輔以言忤德宗爲州別駕築

室鄰系而居焉貞元七年冬渡秣陵年八十餘泉南八思之號其山爲高士峯有詩一卷

李紳字公垂中書令李敬元孫少孤游剡止龍宮寺老僧脩眞曰後當領鎮此道幸顧建飾吾寺出紳所作龍宮寺碑踰二紀紳自宣武節度歷左散騎越州刺史乃一新舊遊之地賦詩以紀其事又刻碑

齊抗字遐舉定州義豐人拜中書門下平章事昔遊越鄉閱玩山水者垂三十載初棲於剡嶺後遷於玉笥自解辟此山未二紀而登台鉉出陳諫登石傘峯詩序似孫喜藏齊相拜平章時誥

孝行

齊公孫僧遠剡人也治父喪至孝事母及伯父謹節名聞郡縣建元三年表列僧遠等二十三人詔表閭蠲賦

齊韓靈敏剡人早孤與兄靈珍並有孝性母亡無以營奉共種瓜半畝朝摘瓜子暮已復生遂辦葬焉會靈珍亡無子有妻守節靈敏事之如母

剡縣小兒年八歲與母俱病赤斑母死家人不令兒知兒疑問之曰母嘗數問我病今不復問何也因自投牀扶匐至母屍側頓絕而死

陳王知元居剡丁父喪哀毁卒高宗改孝家里

鄭僧保剡人居父母喪廬墓側十載芝草生於墓甘露降松柏

列女

公孫夫人姓公孫氏會稽剡人資三靈之淳懿誕華宗之澄粹奇朗兆於齠齔四教成於弱笄慈愿溫恭行有秋霜之潔祇心制節性同青春之和敦悅憲章動遵規禮居室則道齊師氏有行則德配女儀禮服有盈籩豆無闕贊曰猗歟夫人天資特挺行高冰潔操與霜整性揚

蘭芳德振玉顯猗彼瓊林奇翰有集展彼碩媛令德來緝勤與禮遊靜以義立出晉鈕滔母孫氏所作序贊

仙道

劉晨阮肇剡縣人漢明帝永平十五年采藥於天台山望山頭有一桃樹取食之又流水中有胡麻飯屑二人相謂曰去人不遠因過水深四尺許行一里又度一山出大溪見二女容顏絕妙便喚劉阮姓名問郎何來晚也館服精華東西帷幔寶絡左右盡青衣進胡麻飯山羊脯設甘酒歌調作樂日暮止宿住半年天氣和適常如

二三月鳥鳴悲慘求歸甚切女與諸仙女歌吹送還鄉鄉中怪異驗得七代子孫傳聞祖翁入山不知何在太康八年失二公所在剡有桃源在縣三里舊經曰劉阮入天台遇仙此其居也林概越中詩繡被歌殘人竟遠桃花源靜客忘歸

葛洪字稚川仙翁從孫好神仙導養仙翁以丹授弟子鄭君稚川就鄭君得之咸和初選散騎常侍辭以交趾出丹砂求爲句漏令鍊丹羅浮山卒年八十一顏如玉體柔軟舉尸入棺但遺空衣上虞蘭芎山稚川所棲也出輿地志盧綸詩城闕望煙霞常悲仙路賒寧知樵子徑得到葛洪家曹唐詩最愛葛翁尋藥處露花玉蕊滿山春

剡有仙翁丹井石梯釣魚臺稚川亦至焉

褚伯玉字元璩錢塘人少有隱操年十八父爲之婚婦入前門伯玉出自後門往居剡瀑布山隔絶人物王僧達爲吳郡寧朔將軍邱珍孫與僧達書曰褚先生滅影雲棲抗高木食非折節好士何以致之出蕭子顯齊書以禮招致伯玉不得已停郡信宿纔交數言而退宋孝建二年召聘不就齊高帝即位手詔吳會二郡以禮迎遣辭疾而歸敕於剡白石山立太平館舍之孔稚圭從其授道爲於館側立碑南史卒年八十六常居一樓仍葬樓所

趙廣信陽城人魏末入剡小白山受李法成服炁法又受師左君守元中之道內見五臟徹視法七八十年賣藥人間作九華丹或曰白日登天山中有趙廣信丹井

孫韜字文藏會稽剡人入山師潘四明叅受眞法陶隱居手爲題握中祕訣門人罕能見唯傳韜與柏閭二人出眞誥

顧歡字景怡隱剡山好服食弟子鮑靈綬門前有樹大十餘圍精怪數見歡印樹卽枯山陰白石邨多邪病歡爲講老子皆愈又有病邪者歡問其家有孝經否歡令取

仲尼居一章置枕邊而愈齊高帝輔政徵揚州主簿踐阼乃至稱山谷臣進政綱一卷優詔稱美東歸賜麈尾素琴上虞江岸有顧墅俗傳顧歡問學之所

吳筠字貞節華陰人通經義美文辭舉進士不中去居南陽山天寶初召至京師南遊天台觀滄海與有名士相娛樂文辭傳京師明皇遣使召見大同殿與語甚悅敕待詔翰林獻元綱三篇帝嘗問道對曰深於道者無如老子五千言復問神仙治鍊法對曰此野人事積歲月求之非人主所宜留意未幾漁陽事作乃復東入會稽

剡中

高僧

白道猷羅漢僧來自西天竺居沃州山白居易沃州山記曰道猷肇開兹山

竺道壹在若耶山道猷以詩寄之連峯數十里修林帶平津茅茨隱不見雞鳴知有人閑步踐其徑處處見遺薪始知百世下猶有上皇民開此無事蹟以待竦俗賓長嘯自林際歸此保天真壹得詩欣然往訪之上虞有白道猷嶺嘗結庵於此江公堯詩好是道人巖畔月夜深清照飲猿溪

天台山水清險前有石橋徑不盈尺長數十丈下臨絶澗冥忘其身然後能濟師梯巖壁捫蘿葛前山蔚然綺秀雙嶺入天有瓊臺玉闕道猷過此獲紫芝靈藥出啟蒙記注

竺潛字法深隱剡山學義淵博名聲蚤著宏道法師也出庾法暢人物論晉哀帝兩使禮致之既至簡文尤師敬劉惔嘲之曰道人亦遊朱門乎潛曰君自見朱門貧道以爲蓬戶耳還山支遁求買沃州小嶺潛公曰欲來當給不聞巢由買山隱也遁得深公之言慙恧而已世說作因人就深公買印山舊經曰東岇山在新昌縣東四十里石林避暑錄曰高僧傳畧載孫綽道賢論以當時七僧比七賢竺法護比山巨源白法祖比嵇叔夜竺法乘比王濬沖竺法深比劉伯倫支道林比向子期于法蘭比阮嗣宗支道遠比阮仲容各以名迹相類者爲配惜不見全文世說晉人本超逸更能以佛理佐之宜其高勝不凡但恨是時未有經文傳者亦未能廣猶以老莊爲宗竺法深賢於王氏諸人遠矣卽支遁求買沃州報曰未聞巢由買山

而隱者遁猶輸此一著想見其人物也皇甫冉詩高人本姓竺開士舊名林一入雪山裏千年不可尋秦系詩松間黛許幽人住更不將錢買沃州棲白詩荒齋增暑夢數夕罷冥搜南海高僧問西園獨鶴愁與生黃竹晚吟斷碧雲秋共是忘機者何當臥沃州清晝詩憶君南適越不作買山期劉長卿詩沃州能共隱不用道林錢

支遁字道林高逸沙門傳曰遁姓關氏河內林慮人或曰陳留人神心警悟清識元理任心獨往風期高亮沈思道行泠然獨暢出支遁別傳又幼有神理聰明透澈出支遁傳王濛重之曰造微之功不減輔嗣義之在會稽與交住靈嘉寺入沃州小嶺建精舍盧象詩元度常稱支道林高人隱處白雲深一去人間長不見千峯萬壑勢森森至山陰講維摩經許詢爲都講賓主之辯相尋無窮世說曰諸人士及林法師在會

稽西寺講王苟子在焉許椽便往西寺與王論理共決優劣又在白馬寺中將馮太常共語道逍遙支卓然標新理於二家之表馮氏譜曰馮懷長樂人歷太常護軍將陸龜蒙詩何時更問逍遙義五粒松陰拂石牀注曰道林有逍遙義有遺馬者受之曰吾愛其神駿山有放馬坡在縣東三十里有餉鶴者曰淩霄之姿何肯與人作耳目近玩養翩成使飛去世說曰支公好鶴住剡山有放鶴峯每名辰至餘姚隖曰昔來就見安石輒移旬日今觸情是愁耳歿葬隖中舊經曰隖在餘姚縣西南十二里僧史曰遁經餘姚隖信宿彌日不去或問其意曰若安石相從未嘗不移旬日今觸目是愁耳乃移隖中永和元年閏四月四日歿葬隖中世說曰墓在石城戴安道過其墓歎曰德音未遠而拱木已積蓋神理緜緜不與氣運俱盡耳出建康實錄

有文集八卷集中有郎邑論高妙乾興淵支道開威蘊崇實光識斐藏濟度逞印自威至印一字爲一僧與白道猷竺法潛支道林乾興淵支道開凡十八僧皆居沃州山出沃州山記

支曇蘭晉太元中遊剡縣後憩赤城高僧傳

竺曇猷燉煌人少苦行習禪定遊江左止剡之石城山有神現形詣猷曰師威德既重來止此山弟子輒推室相奉天台山懸崖峻峙峯嶺侵天上有釋舍得道者居之有石橋跨澗而橫石斷之自終古以來無得至者猷行至橋所聞空中聲曰知君誠篤今來相度後十日當

得住此矣

竺法崇有律學精法華經居剡葛峴山茅茨澗飲孔淳之訪之信宿不去神思頓豁

曇斐會稽剡人棄家事慧基善莊老儒墨之書考究經典疑義還居法華臺寺衡陽孝王元簡廬江何允師事之

張融周顒從其遊

僧護會稽剡人住石城山隱岳寺寺北有青壁千餘尺護每至其下輒聞管弦聲或發光怪即發誓就壁鐫十丈佛像齊建武中用工經年纔成面像俄臥疾臨終誓曰

再生當就吾志

僧祐剡人作石像祐授其準式先是建安王聞僧護所造石像上奏詔祐董其事天監十五年成舊說祐護前身也

靈澈字澄源會稽湯氏子風儀甚雅談笑多味雖受經論心好篇章（出劉禹錫詩序）語甚平易如不出常境而諸生思慮終不可至（出權德輿送行序）從嚴維學詩抵吳興與皎然遊後自廬山入剡歸沃州

剡錄卷三終

剡録卷四

宋高似孫著

古奇跡

舜井

井二在舜皇山井中有蛇生角今爲沙土所翳朱慶餘舜井詩碧甃磷磷不記年青蘿鏁在小山巔向來下視千尋水疑若蒼梧萬里天

禹嶺

禹餘糧嶺在了山山下爲了溪王銍序言禹治水止於

此山中產藥稱禹餘糧蓋餘食所化近有甑山謂嘗炊於此張華博物志曰禹治水棄餘食於江爲禹餘糧李羣玉詩澗有堯時韭山餘禹代糧

亞父石跡

亞父山在禮義鄉昔山中老農遇神人曰吾亞父也嘗宅茲山明日見崖石中有足跡甚大亞父事出神異經

阮公故居

縣之南有阮公廟卽故居也王梅溪詩再入山中去烟霞鎖翠微故鄉遺宅在何日更來歸

楊黃門埭亭

水經曰吳黃門郎楊哀明居嵊縣宏訓里開瀆作埭埭之西作亭

戴安道宅

戴公宅在剡桃源鄉宋景文公詩舟來戴公宅客過孝王家鄉有戴村村多戴姓者郗超每聞欲高尚隱退者輒爲辦百萬資并爲造立屋宇在剡爲逵造宅甚精整戴始往與所親書曰近至剡如官舍

王徽之居山陰夜雪初霽月色清朗四望皓然獨酌酒咏左思招隱詩忽憶戴逵逵時在剡便夜乘小舟詣之經宿方至造門不前而返人問其故

徽之曰本乘興而行興盡而返何必見安道耶李白雪詩興從剡溪起思繞梁山發孟浩然詩閑垂太公釣興發子猷船陸龜蒙詩訪戴客愁隨水遠浣紗人泣其溪深項斯寄剡中友詩山晚迫尋蕭寺宿雪寒誰與戴家期李端詩戴家溪北住雪後去相尋駱賓王雪詩高人儻有訪興盡詎須回方干雪詩此時行徑無人跡惟望徽之問寂寥羅隱詩笑殺山陰雪中客等閑乘興又須回章八元詩或在醉中逢夜雪懷賢應向剡川遊姚勔詩往時徽之訪安道剡溪扁舟夜獨乘楊蟠詩長愛剡溪堪發興雪中曾棹子猷船

戴公山

山在忠節鄉今屬金庭觀可二百畝山中多茂林叢竹又有清流激湍林崖蒼石互相映帶山之巔有龍湫

阮光祿東山

阮裕别傳曰裕居會稽剡山志存肥遁世說曰阮光祿
在東山蕭然無事常內足於懷

王右軍書樓墨池

金庭觀有書樓墨池裴通爲之記裴通詩寂寂金庭洞
淸香發桂枝魚呑左慈釣鷺踏右軍池楊蟠有墨池懷
古詩空山寂寞人何在一水泓澄墨尚新

謝車騎桐亭

酈道元水經曰嶀山東北太康湖晉車騎將軍謝元舊
居所在右濱長江左傍連山平陵修通澄湖遠鏡於江

曲起樓樓側悉是桐梓森聳可愛居民號爲桐亭樓樓兩面臨江盡升眺之趣盧人漁子泛濫滿焉湖中築路東出趨山路甚平直山有三精舍高甍淩虛垂簷帶空俯眺平林煙杳在下江有琵琶圻臨江有石狀名釣魚臺張藉詩見說孤帆去東南到會稽春雲剡溪口殘月鏡湖西水鶴沙邊立山鼯竹裏啼謝家曾住處烟洞入應迷

謝車騎坐石

石在寶積山石磊磊疊疊如梭如鑿水經曰樹下有十二方石地甚光潔

葛仙翁釣臺

皇覺寺有釣臺又有石梯絶爲奇怪石上有釣竿痕甚分明

白道猷滌巾澗

證道寺澗中有道猷滌巾舊迹水痕如白氈狀

趙公阜

謝巖之北通趙公阜趙公者晉懷帝時太常樂工也永嘉二年石勒亂趙公二十四人隱於剡之山阜王公嶠山賦曰崧徑森林北倚趙公之阜崧徑在謝巖北

晉武肅王故跡

晉武肅王嘗到剡嶀山下於舟中看其嵯峩歎其異境駐舟賦詩

嶀娘宅梁詔亭

蕭衍經嶀山與嶀家娘子爲婚後别嶀娘入齊南面發詔徵之山上有宣詔亭王公嶀山賦曰梁王别室歸建業以登天又曰皇書亭畔又看麏滯之蹤

謝康樂石牀

嶀山下有石牀康樂嘗垂釣於此出舊經石下舊有人

姓名

謝巖彈石

縣北十五里有謝巖靈運遊此四顧放彈丸落處爲祠有大石如彈丸王公嶙山賦曰靈運彈飛巖嶠慕此堪棲

謝公宿處

李白詩謝公宿處今尚在淥水蕩漾青猿啼康樂有鄉遊謝有鄉謝公所歷也李嘉祐詩緣塘剡溪路映竹五湖村王謝登臨處依依今尚存陳充詩雨裏落帆遊謝

鄉寒聲古木共荒涼又有謝巖亦謝所至

王謝飲水

世傳王謝諸人雪後汎舟至此徘徊不能去日雖寒強飲一口在縣北二十里

趙廣信井洞

西太白山山有廣信丹井又有洞石沓起如屋可容數人

褚伯玉隱居

西太白山山有瀑泉宋書曰伯玉隱身求志居剡縣瀑

布山伯玉常居一樓卒葬樓所

褚伯玉太平館

齊高帝即位詔吳會二郡以禮迎遣辭疾而歸詔於剡白石山立太平館舍之出南史史曰白石山即太平山也

秦處士麗句亭

系天寶間避地剡川作麗句亭郡守旼其居曰秦君里大歷五年鄮守薛公僕射奏爲右衛率府倉曹參軍系作詩辭之自謂系家於剡山向盈一紀其詩曰由來那敢議輕肥散髮行歌自采薇逋客未能忘野興辟書翻遣脫荷衣家中匹婦空相笑池上羣鷗盡欲飛更乞大賢容小隱益看

愚谷有光輝　又有山中寄張正則評事詩終年常避喧師事五千言流水閑過院春風與閑門山容邀上客桂實落華軒莫强教余起徵官不足論正系辭辟之詩也　又有耶溪舊居有將移耶溪舊居留贈嚴維祕書詩維犬漁舟裏長謠任興行同邀落日醉已被遠山迎書笈將非重荷衣著甚輕謝安無箇事急起爲蒼生　又有會稽山居寄薛播侍郎袁高給事高參舍人詩稷卨今爲相明君復是堯寧知買臣困猶負會稽樵當在耶溪舊居作也　又有謝徐侍郎同諸詩客訪會稽山居詩忽道仙翁至幽人學拜迎華簪窺甕牖珍味代藜羹洗硯魚仍戲移尊鳥不驚華亭攀敘郤會此越中營溫庭筠宿秦生山齋詩幽居路不同結室在東峯歲晚得支遁夜寒逢戴顒龕燈落葉寺山雪隔林鐘行李無由發曹溪欲施春戴叔倫酬秦徵君徐少府春日

見寄終日愧無政與君聊散襟城根山半腹亭影水中心朗詠竹窗靜野情花逕深那能有餘興不作剡溪尋

王翁信舊居

皇甫冉送王翁信還剡中舊居詩海岸耕殘雪溪沙釣夕陽家中何所有春草漸看長

王公別業王公當是前詩王翁信也

皇甫冉送王公還剡中別業詩不見關山去何時到剡中已聞成竹木更道長兒童籬落雲常聚村墟水自通朝朝憶元度非是對清風

袁稠家林

李端寄稠詩　花洞晚陰陰仙壇隔杏林漱泉春谷冷擣藥夜窗深石上開仙酌松間對玉琴戴家溪北住雪後去相尋

吳處士溪嶼

賈島憶吳處士詩　半夜長安雨燈花越客吟孤舟行一月萬水與千岑島嶼夏雲起汀洲芳草深何當折松葉拂石剡溪陰

獨孤處士山居

栖白寄獨孤處士詩　林下別多年相逢事渺然扁舟浙水上[illegible]策剡山前坐石吟杉月眠雲憶島仙何期歸太白伴我雪中禪

唐氏溪閣

趙湘剡中唐郎中所居詩古柳垂溪水當門繫雪舟開尊延白鳥埽樹帶清秋閣上
看華頂窗中見沃洲尋
常投剌少來郎是詩流

古阡

漢朱買臣墓
縣北六里有石羊買臣吳人墓在剡可疑然暨陽有買
臣書堂及祠

阮裕墓
縣東九里

山桐公墓

縣東故港有高塚世傳謝氏祖墓

戴顒墓

縣北一里王僧虔吳郡記曰顒死葬剡山有後人所立石表梅聖俞寄剡縣主簿詩應識道旁碑因風奠醪醴王梅溪詩千年戴顒墓三字道旁碑紹興二年守范仲將爲作享堂於墓下堂今不存嘉泰三年四明樓鑰爲書本傳立碑於道左嘉定八年令史安之重建墓亭以修時祀及於亭左右繪剡中先賢像

王右軍墓

在縣東孝嘉鄉五十里

剡録卷四終

炎金

卷四

大

剡録卷五

宋高似孫著

書

二戴著書一本經學人但以隱逸推之非知二戴者也

戴逵五經大義三卷
戴逵老子音一卷
戴逵纂要一卷
戴逵竹林七賢論
戴逵集十卷
戴逵別傳一卷
戴逵中庸傳一卷
戴顒月令章句十二卷
戴顒逍遥論
戴氏琴譜四卷
戴氏譜一卷
阮裕別傳一卷

阮氏譜一卷　王羲之集九卷
王羲之别傳一卷　王氏世家五卷
王氏家牒十五卷　王氏家譜二十卷
謝元集十五卷　謝氏家譜一卷
孫綽集十五卷　許詢集三卷
支遁集八卷　支遁傳一卷
支遁經論三卷　秦系注老子一卷
秦系詩一卷　吳筠元綱一卷
靈澈詩十卷　鄭言平剡錄一卷

謝靈運集十五卷　　謝靈運七集十卷
謝靈運賦九十二卷　　謝靈運連珠集五卷
謝靈運集鈔十卷　　謝靈運集詩五卷
謝靈運詩英九卷　　謝靈運遊山志一卷
謝靈運山居志一卷　　顧歡政綱一卷
葛仙翁別傳一卷　　葛仙翁神仙傳十卷

文

遺支遁書　　謝安

支遁還吳住支山寺晚欲入剡謝安爲吳興與遁書曰思

君日積計辰傾遲知欲還剡自治甚以悵然人生如寄耳頃風流得意之事殆爲都盡終日感感觸事惆悵唯遲君來以晤言銷之一日當千載耳此多山水山縣閑靜差可養疾事不異剡而醫藥不同必思此緣副其積想也高僧傳

中三復贊 安道文章世豈復可見今得六篇　戴逵

嗜好深則天機淺名利集則純白離如此故識鑑逾昏驕淫彌汰心與慎乖則理與險會然後役智以御險履險以逃害故陰陽寇其內人力攻其外陰陽結則金石爲之銷人事至則雖智不足賴若然者雖翠幄華堂焉得而康之

列鼎重味焉得而嘗之

閑遊贊序

神人在上輔其天理知溟海之禽不以籠樊服養櫟散之質不以斧斤致用故能樹之於廣漠栖之於江湖載之以大猷覆之以元氣使夫淳樸之心靜一之性咸得就山澤樂閑曠箕嶺之下始有閑遊之人焉降及黄綺逮於臺尚莫不有以保其太和肆其天眞者也且夫巖嶺高則雲霞之氣鮮林藪深則簫瑟之音清其可以藻元瑩素全其皓然者舍是焉取故雖攖世之彥翼教之傑效舞雩以發詠

聞乘桴而懍厲況乎道乘方内體絕風塵理揖長謝歌鳳逡巡盪八紘於元流澄雲崖而頤神者哉然如山林之客非徒逃人患避爭門諒所以翼順資和滌除機心容養淳淑而自適者爾凡物莫不以適爲得以足爲至彼閑遊者奚往而不適奚待而不足故蔭映巖流之際偃息琴書之側寄心松竹取樂魚鳥則淡泊之願於是畢矣然奇趣難均元契罕遇終古皆孤栖于一巖獨玩於一流苟有情而未忘有感而無對則輟斤寢絃之嘆固以幽結於林中縣感於遐心爲日久矣我故遂求方外之美略舉養和之具

爲雜贊八首暢其所託始欣閑遊之遐逸終感嘉契之難會以廣一往之詠以抒幽人之心云爾

贊

茫茫草昧綿邈元世三極未鼓天人無際萬器既判靈樸乃斲實有神宰忘懷司契冥外傍通濟感莫滯總順巢高兼應夷惠緬矣遐心超哉絶步顧揖百王仰怡泰素矜其天眞外其嚣務詳觀羣品馳神萬慮誰能高佚悠然一悟

尚長贊

尚叟沖順肅行昏世和同婉約元識罔滯瞻彼崇高俄爲

塵翳亦有同好潛心宿契超超增翥眇眇偕逝迹絕青崖
影滅雲際

酒贊

醇醪之興與理不乖古人既陶至樂乃開有客乘之隗若
山頹

山贊

蔚矣名山亭亭拱秀並基二儀嶤嶕雲構嵳峩積岨寥籠
虛岫輕霞仰拂神泉旁潄日仁溪樂希靜此壽

松竹贊

猗歟松竹獨蔚山阜肅肅修竿森森長條

褚先生伯玉碑先生築館金庭觀蕭子顯齊書曰伯玉隱剡縣之瀑布山

孔德璋

河洛擒寶神道之功可傳嵩華吐祕仙靈之迹可覩蓋事詳於玉牒理煥於金符雖冥默難源顯晦異軌測心觀古可得而言焉是以子晉笙歌馭鳳於天海王喬雲舉控鶴於元都亦有羽蛻蟬觸影遁形銷神翥帝宮迹留劍杖遊瑤池而不返晏元圃以忘歸永嘉惡道者窮天地之險也歎賨過日折石橫波飛浪突雲奔湍急箭先生攀途躋阻

宿楫涉圻而衝飈夜鼓山洪暴激忽乃崩舟墜壑一裂十仞飄地淪篙翻透無底徒侶判其氷碎舟子悲其雹散危魂中夜赴阻相尋方見先生恬然安席銘曰

闕西升妙洛右飛英鳳吹金闕簫歌玉京絕封萬古乃旣先生先生浩浩唯神其道泉石依情烟霞入抱祕影窮岫孤栖幽草心圖上元志逼大造

金庭觀碑　沈約

生靈爲貴有識斯同道奚云及疑有字誤終天莫返故仙學之祕上聖攸尊啓玉笈之幽文貽金壇之妙訣駐景濛谷還

光上枝吐吸烟霞變鍊丹液出没無方升降自已下栖洞室上賓羣帝覩靈岳之縣啓見滄波之屢竭望元州而駿驅指蓬山而永騖芝蓋三重駕螭龍之蜿蜒雲車萬乘載旗旆之逶迤此蓋棲靈五岳未暨夫三清者也若夫上元奥遠言象斯絶金簡玉字之書元霜絳雪之寶俗士所不能窺學徒不敢輕慕且禁誓嚴重志業艱劬自非天稟上才未易可擬自惟凡劣識鑒鮮方徒抱出俗之願而無致遠之力早尚幽栖屏棄情累留愛巖壑託分魚鳥途逾遠而靡倦年既老而不衰高宗明皇帝以上聖之德結宗元

之念忘其菲薄曲賜提引末自夏汭固乞還山權憩汝南
縣境固非息心之地聖主纘歷復蒙縶維永泰元年方遂
初願遂遠出天台定居茲嶺所憩之山實維桐柏實靈聖
之下都五縣之餘地仰出星河上參倒景高崖萬沓邃澗
千迴因高建壇憑巖考室飭降神之宇置朝禮之地桐柏
所在厥號金庭事昺靈圖因以名館聖上曲降幽情昭信
彌密置道士十八用祈嘉祉越以不才首膺斯任永棄人
羣寘景窮麓結懇志於元都望霄容於雲路仰宣國靈介
茲景福延吉祥於清廟納萬壽於神躬又願道無不懷澤

無不至幽荒屈膝戎貊稽顙息鼓輟烽守在海外因此自
勉兼遂微誠日夕勤劬自強不已翹心屬念晚卧晨興飱
正陽於停午念孔神於中夜將三芝而延佇飛九丹而宴
息乘鳧輕舉留舄忘歸以茲丹款表之元極無曰在上日
鑒非遠銘石靈館以旌厥心其辭曰
道無不在若存若亡於惟上學理妙羣方用之日損言則
非常儵焉靈化羽變霓裳九重嵬岏三山璀璨日爲車馬
芝之成宮觀虹旂拂月龍輴漸漢萬春方華千齡始旦伊余
菲薄竊慕隱淪尋師請道結友問津東探震澤西遊漢濱

依希靈眷彷彿幽人帝明紹歷惟皇纂位屬心鼎湖脫屣
神器降命凡塵仰祈靈祕瞻彼高山與言覆簣啓基桐柏
厥號金庭喬峯迴峭擘漢分星臨雲置堺駕岳開櫺澗塗
蹇產林圻葱青誰謂應遠神道微密慶集宮闈祥流罕畢
其久如地其恒如日壽同南山與天無卒更生變練外示
無功少君飛轉密與神通因資假力輕舉騰空庶憑嘉誘
永濟微躬

金庭觀晉右軍書樓墨池記　　裴通

越中山水奇麗剡爲最剡中山水奇麗金庭洞天爲最洞

在縣東南循山趾右去凡七十里得小香爐峯峯則洞天北門也谷抱山闕雲重烟巒迴互萬變淸和一氣花光照夜而常晝水色含空而無底此地何事常聞異香有時值人從古不死眞天下絶境也有晉代六龍失馭五馬渡江中朝衣冠盡寄南國是以瑯琊王羲之領右軍將軍家於此山書樓墨池舊制猶在至南齊永元三年道士褚伯玉仍思幽絶勤求上元啓高宗明皇帝於此山置金庭觀正當右軍之家書樓在觀之西北維一間而四顧徘徊高可二丈墨池在殿之東北維方而斜廣輪可五十尺池樓相

去東西差値纔可五十餘步雖形狀卑小不足以壯其瞻翫而恭儉有守斯可以示於將來況乎處所邃深風景秀異契逍遥之至理聞鸞鶴之參差其金庭洞天卽道門所謂赤城丹霞第六洞天者也按上清經洞天在天台桐柏山中辟方四十里北門在小香爐峯頂人莫得見之樵夫往往見之者或志之以奇花異草還報鄉里與鄉里同往則失其所志也過此峯東南三十餘里石竇呀爲洞門卽洞天之便門也人入之者必贏糧秉燭結侶而往約行一百里二百里多爲流水淤泥所阻而返莫臻其極也通以

元和二年三月與二三道友裹足而遊登書樓臨墨池但見其山水之異也其險如崩其聳如騰其引如肱其多如朋不三四層而謂天可升經再宿而還以書樓闕壞墨池荒毀話於邑宰王公王公瞿然徵王氏子孫之在者理荒補闕使其不朽郎事題茲實錄而已

沃洲山禪院記

白居易

沃洲山在剡縣南三十里禪院在沃洲山之陽天姥峯之陰南對天台而華頂赤城列焉北對四明而金庭石鼓介焉西北有支遁嶺而養馬坡放鶴峯次焉東南有石橋溪

溪出天台石橋因名焉其餘卑巖小泉如子孫之從父祖者不可勝數東南山水越爲首剡爲面沃洲天姥爲眉目夫有非常之境然後有非常之人棲焉晉宋以來因山洞開厥初有羅漢僧西天竺人白道猷居焉次有高僧竺法潛支道林居焉次又有乾興淵支道開威蘊崇實光識斐藏濟度逞印凡十八僧居焉高士名人有戴逵王洽劉惔許元度殷融郗超孫綽桓彦表王敬仁何次道王文度謝長霞袁彦伯王濛衛玠謝萬石蔡叔子王羲之凡十八人或遊焉或止焉故道猷詩云連峯數十里修林帶平津茅

茨隱不見雞鳴知有人謝靈運詩云暝投剡中宿明登天姥岑高高入雲霓還期那可尋蓋人與山相得於一時也自齊至唐茲山寖荒靈境寂寥罕有人遊故詞人朱放詩云月在沃洲山上人歸剡縣江邊劉長卿詩云何人住沃洲此皆愛而不到者也大和二年春有頭陀僧白寂然來遊茲山見道猷支竺遺跡泉石盡在依依然如歸故鄉戀不能去時浙東廉使元相國聞之始爲卜築次廉使陸君中丞知之助其繕完三年而禪院成五年而佛事立正殿若干間齋堂若干間僧舍若干間夏臘之僧歲不下八九

十安居遊觀之外日與寂然討論心要振起禪風白黑之徒附而化者甚衆嗟乎支竺沒而佛聲寖靈山廢而法不作後數百歲而寂然繼之豈非時有待化有緣耶六年夏寂然遺僧常贊自剡抵洛持書與圖詣從叔樂天乞爲禪院記道猷肇開茲山寂然嗣興茲山樂天又垂文茲山異乎哉沃洲山與白氏其世有緣乎

龍宮寺碑　　李紳

會稽地濱滄海西控長江自大禹疏鑿了溪人方宅土而南巖海跡高下猶存則司其水旱泄爲雲雨乃神龍之鄉

爲福之所寺曰龍宫在剡之界靈芝鄉嵊亭里地形爽塏林嶺依抱刹宇頹毁積有年所自創置基三徙而安此地像儀消化鐘磬不揚堵波已傾法輪莫轉釋老修眞持誠茲寺護念常啓願興伽藍而歲月屢遷物力無及貞元十八載余以進士客於江浙將適天台與修眞會遇於剡之陽師言老禪有念今茲果矣顧謂余曰後當領鎮此道幸願建飾龍宫以資福履余以爲孟浪之詞笑而不答師曰星歲有期愚有眞告臮元和三年余罷金陵從事河東薛公苹招遊鏡中師已臥病而約言無易大和癸丑歲余自

分命洛陽承詔以檢校左騎省廉察於茲歲逾再紀而修
眞巳爲異物龍宫棟宇將盡命告墳塔因追昔言遂以頭
陁僧會眞部領工人將以嚴事余以俸錢三千貫監軍使
毛公承泰亦施以月俸俾從事寮吏咸同勝因閭里慕仁
風靡爭施予來之功力雲集清涼之蓮宇鬱興浹旬而垣
墉四周逾月而棟幹連合煥矣眞界昭乎化城擇静行僧
居之以總寺事因具香饌告誠法王上以資我后無疆之
祚次以資龍神水府之福以名寺之功力爲祐靈之顯報
一雨之施潤洽必同佛言龍王心力所致使七郡山澤城

邑萬人介福所安翳我龍德是用迴此法力永資泉宫僧
齋護念常爲仰答余固不敢以修眞之言自伐俾竭誠以
爲人刻石記言於寺之剎銘曰
滄海之隅會稽巨澤惟禹功力生人始籍土壤山嶼濱海
之東溟漲空闊邈祕龍宫貝闕難知珠宫莫測雲雨交昏
深洸不隔開法必聽依佛必降豈騰溟海亦化長江既資
勝因爲龍景福節宣風雨以成播育撞鐘以告三界必聞
惟爾龍室昭昭不昏我昔麻衣有僧傳信斯人已亡斯言
不泯敬報前志以垂後功建飾儀相昭明有融普利羣生

罔資巳力琢磨記言垂示無斁

弔剡溪古藤文　舒元輿

剡溪上緜四五百里多古藤株枿逼土春入土脈他植發活獨古藤氣候不覺絕盡生意予以爲本乎地者春到必動此藤亦本乎地方春且有死色遂問溪上人有道者曰谿中多紙工刀斧斬伐無時擘剝皮肌以給其業噫藤雖植物溫而榮寒而枯養而生殘而死亦將有命於天地間今爲紙工斬伐不得發生是天地氣力爲人中傷致一物之疾癘若此異日過數十百郡東雒西雍見書文者皆以

剡紙相夸予悟剡藤之死職止由此此過固不在紙工且今九牧人士自言能見文章戶牖者數與麻竹相多聽其語亦自安重皆不啻握驪龍珠荷有曉寤者其倫甚寡不勝衆者固以斂手無語勝衆者自謂天之文章歸我輕傲聖人道使周南召南風骨抑入於折揚皇荂中言偃卜子夏文學陷入於淫靡放蕩中比肩握管動盈數千百人數千百人筆下動行數千萬言不知其為謬誤日月以縱自然殘藤命易甚桐葉流波頹沓未見止息如此則綺文妄言輩誰非書剡紙者耶紙工嗜利曉夜斬藤以鬻之雖舉

天下爲剡溪猶不足以給況一剡溪者耶以此恐後之日不復有藤生於剡矣大抵人間費用苟得著其理則不枉之道在則暴耗之過莫由横及於物物之資人亦有其時時其斬伐不爲天閼予謂今之錯爲文者皆天閼剡溪藤之流也藤生有涯而錯爲文者無涯無涯之損物不直於剡藤而已余所以取剡藤以寄其悲

剡錄卷五終

長洲吴枚菴翌鳳跋云：本刻録為卷十二，中缺第七卷，而簡明目録只云十卷，並未有缺佚之語，諸家書目著録者亦鮮，未識其故，俟再攷之。壽菱

乙亥仲夏借黄蕘圃藏本傳鈔并記。枚菴

舊鈔本第七卷已缺佚，刻本之第七卷即鈔本之第八卷，刻本之第八卷即鈔本之第九卷，刻本之第九卷即鈔本之第十卷。鈔本第十一卷自果蓏起至泉源止，首行題曰艸木禽魚話中；第十二卷自禽起至鱗介止，首行題曰草木禽魚話下，而刻本則

併以二卷爲第十卷首行題曰草木禽魚詁
下有下篇刻本全而鈔本缺以後第今卷彼氏
不同也核閱之下附誌數語用備後來查
攷梅隱周銘鼎識

山陰周调梅著越谚二卷有族子銘鼎序時在咸豐四年甲寅
自言七十二歲然則當生於乾隆四十八年癸卯即西曆一七八三
年也 中華民國廿四年一月十七日 作人記

剡錄卷六上

宋高似孫著

詩

詩中有及剡者採焉

登臨海嶠初發彊中作　謝靈運

杪秋尋遠山山遠行不近與子別山阿含酸赴修軫中流袂就判欲去情不忍顧望脰未悁汀曲舟已隱隱汀絕望舟驚棹逐驚流欲抑一生歡并奔千里游日落當棲薄繫纜臨江樓豈惟夕情歛憶爾共淹留淹留昔時歡復增今日歎茲情已分慮況乃協悲端秋泉鳴北澗哀猿響南巒

慼慼新別心悽悽久念攢攢念攻別心旦發清溪陰暝投剡中宿明登天姥岑高高入雲霓還期那可尋倘遇浮邱公長絕子徽音

尋沈剡至嵊亭　虞騫

命楫尋嘉會信次歷山原捫天上雲亂與石下雷奔澄潭寫度鳥空嶺應鳴猿榜歌唱將夕商子處方昏

遊沈道士金庭館　沈約

秦皇御宇宙漢帝恢武功歡娛人事盡情性猶未充銳意三山上託慕九霄中既表祈年觀復立望仙宮寧爲心好

道直由意無窮曰余知止足是願不須豐山嶂遠重疊竹樹近叢蘢開襟濯寒水解帶臨清風所累非外物爲念在元空朋來握石髓賓至駕輕鴻都令人徑絶唯使雲路通一舉凌倒景無事適華嵩寄言賞心客歲暮爾來同

徵鏡湖故事

將尋鍊藥井更逐賣樵風 凡初

刻石秦山上探書禹穴中 吕渭

溪邊尋五老橋上覓雙童 嚴維

梅市西陵近蘭亭上道通 謝良弼

雷門驚鶴去射的驗年豐 賈肅

古寺思王令孤潭憶謝公 鄭槩

帆開巖上石劍出浦間銅 庾駿

興裏還尋戴東山更向東 裴晃

壯遊 杜甫

越女天下白鏡湖五月涼剡溪蘊秀異欲罷不能忘歸帆

拂天姥中歲貢舊鄉氣劇屈賈壘目短曹劉牆

淮海對雪 李白

朔雪落吳天從風渡溟渤海樹成陽春江沙皓明月飄颻

四荒外想像千花發瑤草生階墀玉塵散庭閟興從剡溪
起思繞梁山發寄君郢中歌曲罷心斷絶

別儲邕之剡中

借問剡中道東南指越鄉舟從廣陵去水入會稽長竹邑
溪下綠荷花鏡裏香辭君向天姥拂石臥秋霜

贈陸調

挂席候海邑當邑下長川多酤新豐醁滿載剡溪船中途
不遇八直到爾門前大笑同一醉取樂平生年

贈王判官

昔别黄鶴樓蹉跎淮海秋俱飄零落葉各散洞庭流中年不相見蹭蹬遊吳越何處我思君天台緑蘿月會稽風月好卻遶剡溪迴雲山海上出人物鏡中來

將避地剡中贈崔宣城

忽思剡溪去水石遠清妙雪晝天地明風開湖山貌悶爲洛生詠醉發吳越調赤霞動金光日足森海嶠獨散萬古意閑垂一溪釣猿近天上啼人移月邊棹無以墨綬苦來求丹砂要華髮長折腰將貽陶公誚

秋山寄衛尉張卿及王徵君

何以折相贈白花青桂枝月華若夜雪見此令人思雖然剡溪興不異山陰時明發懷二子空吟招隱詩

寄韋南陵

春風狂殺人一日劇千年乘興嫌太遲焚却子猷船夢見五柳枝已堪挂馬鞭何日到彭澤長歌陶令前

夢遊天姥吟留别

海客談瀛洲烟濤微茫信難求越人語天姥雲霓明滅或可觀天姥連天向天横勢拔五嶽掩赤城天台四萬八千丈對此欲倒東南傾我欲因之夢吳越一夜飛度鏡湖月

湖月照我影送我至剡溪謝公宿處今尚在淥水蕩漾清
猿啼腳著謝公屐身登青雲梯半壁見海日空中聞天雞
千巖萬轉路不定迷花倚石忽已暝熊咆龍吟殷巖泉慄
深林兮驚層巔雲青青兮欲雨水澹澹兮生烟列缺霹靂
邱巒崩摧洞天石扉訇然中開青冥浩蕩不見底日月照
耀金銀臺霓爲衣兮風爲馬雲之君兮紛紛而來下虎鼓
瑟兮鸞回車仙之人兮列如麻忽魂悸以魄動怳驚起而
長嗟惟覺時之枕席失向來之烟霞世間行樂亦如此古
來萬事東流水別君去兮何時還且放白鹿青崖間須行

即騎訪名山安能攢眉折腰事權貴使我不得開心顏

送王屋山人魏萬還王屋

遥聞會稽美一度耶溪水萬壑與千巖峥嶸鏡湖裏秀色不可名清輝滿江城人遊月邊去舟在空中行此中久延佇入剡尋王許笑讀曹娥碑沈吟黄絹語

魯東門泛舟

日落沙明天倒開波摇石動水縈迴輕舟泛月尋溪轉疑是山陰雪後來

水激龍盤犯石堤桃花夾岸魯門西若教月下乘舟去何

曾風流到剡溪

秋下荆門

霜落荆門江樹空布帆無恙挂秋風此行不爲鱸魚膾自愛名山入剡中

送定法師　楊巨源

鳳城初日照紅樓禁寺公卿識惠休詩引棣華霑一雨經分貝葉向雙流孤猿學定前山夕遠雁傷離幾地秋空性碧雲無處所約公曾許剡溪游

雲門五谿　許渾

此溪何處路遥問白髭翁佛廟千巖裏人家一島中魚傾荷葉露蟬噪柳條風急瀨鳴車軸微波漾釣筒石苔縈棹綠山果拂舟紅更就前溪宿村橋與剡通

湖上蘭若示清惠上人　　清晝

峯心惠忍寺嵊頂謝公山何似南湖近芳洲一畝間意中雲水秀事外水禽閑永日無人到時看獨鶴還

剡溪行　　朱放

潺湲寒溪上自此成離别迴首望歸人移舟逢暮雪頻行識草樹漸老傷年髪唯有白雲心爲向東山月

剡溪舟行

月在沃洲山上人歸剡縣江邊漠漠黃花覆水時時白鷺驚船

送王公還剡中別業　皇甫冉

不見關山去何時到剡中已聞成竹木更道長兒童籬落雲常聚村墟水自通朝朝憶元度非是對清風

袁郎中破賊後經剡中山水

武庫分帷幄儒衣事鼓鼙兵連越徼外寇盡海門西節比全疏勒功當雪會稽旌旗迴剡嶺士馬濯耶溪受律梅初

發班師草未齊行看佩侯印豈得訪丹梯

潤州南郭留別

縈迴南北岸留滯木蘭橈吳岫新經雨江天正落潮故人勞見愛行客自無憀君問前程事孤雲入剡遥

冬日寄韋彝　李端

獨坐知霜下開門見木衰壯應隨日去老豈與人期廢井蟲鳴苦陰階樹發遲與來空憶戴不似剡溪時

送少微上人

削髮本求道何方不是歸松風開法席江月濯禪衣飛閣

猿鳴早漫天客過稀戴顒常執筆不覺此身非

雲陽觀寄袁稠

花洞晚陰陰仙壇隔杏林漱泉春谷冷擣藥夜牕深石上開仙酌松間對玉琴戴家溪北住雪後去相尋

寄剡溪友　　項斯

歇馬亭西酒一巵半年間事亦堪悲船横鏡水人眠後蓼暗松江雁下時山晚迴尋蕭寺宿雪寒誰與戴家期夜來忽覺秋風急應有鱸魚觸釣絲

過吳張二子檀溪别業　　孟浩然

卜築因自然檀溪不更穿園廬二友接水竹數家連直取南山對非關選地偏草堂時偃曝蘭棹日周旋外事情都遺中流性所便閑垂太公釣興發子猷船予亦幽棲者經過竊慕焉梅花初臘月柳色半春天鳥泊隨陽雁魚藏縮項鯿停盃問山簡何似習池邊

宿雲門寺　宋之問

雲門耶溪裏泛舟路纔通夤緣綠篠岸遂到青蓮宮天香衆壑滿夜梵羣山空漾漾潭際月飀飀杉上風茲焉多嘉遁數子今莫同鳳歸慨處士鹿化聞仙翁樵涇謝村北學

井何巖東汞夜豈云寐曉景忽朦朧谷鳥囀向澀源桃驚
未紅再來期春暮當造林端窮庶以蹤謝客開山投剡中

宿道一上方院　　王維

一公棲太白高頂出雲烟梵流諸洞徧花雨一峯偏迹爲
無心隱名因立教傳鳥來還語法客去更安禪晝涉松溪
盡暮投蘭若邊洞房隱深竹靜夜聞遙泉向是雲霞裏今
成枕席前豈唯暫留宿服事將窮年

送惟律詩　　崔子向

陽羨諸峯頂何曾異剡山雨晴秋到後木落夜開關縫衲

紗燈亮看心錫杖閒西方知有社未得與師還

寄嚴長史　章八元

昨辭夫子棹歸舟家在桐廬憶舊丘三徑暖時花競發兩溪分處水爭流近聞江老傳鄉語遥見家山減旅愁或在醉中逢夜雪懷賢應向剡川遊

寄秦系　戴叔倫

北人歸欲盡猶自寓蕭山閉戶不曾出詩名滿世間

酬秦徵君春日見集

終日愧無政與君聊散襟城根山半腹亭影水中心朗咏

竹窗靜野情花徑深那能有餘興不作剡溪尋

早行寄朱放山人

山曉旅人去天高秋氣悲明河川上沒芳草露中衰此別又千里少年能幾時心知剡溪路聊且寄前期

訪秦系　韋應物

俗吏閑居少同人會面難偶隨香署客來訪竹林歡暮館花微落春城雨暫寒甕間聊共酌莫使宦情闌

舟行入剡　崔顥

鳴棹下東陽迴舟入剡鄉青山行不盡綠水去何長地氣

秋仍溼江風晚漸涼山梅猶作雨谿橘未知霜謝客文逾
盛林公未可忘多慚越中好流恨閱時芳

送師弟往台州　　崔峒

遠客乘流去孤帆向夜開春風江上使前日濮陽來别路
猶千里離心重一盃剡溪木未落羨爾過天台

送越客　　張籍

見說孤帆去東南到會稽春雲剡谿口殘月鏡湖西水鶴
沙邊立山鼯竹裏啼謝家曾住處烟洞入應迷

送嚴維歸越州　　李嘉祐

艱難只用武歸向浙江東松雪千山暮林泉一水通鄉心緣綠草野思看青楓春日偏相憶裁書寄剡中

送越州辛法曹

但能一官適莫羨五侯尊山色垂趨府潮聲自到門緣塘剡溪路映竹五湖村王謝登臨處依依今尚存

送䛒光大師 師以草書應制　羅隱

禹祠分首戴灣逢健筆尋知達九重聖主賜衣憐絕藝侍臣摛藻許高蹤寧親久別街西寺待詔初離海上峯一種苦心師得了不須迴首笑龍鍾

送裴饒歸會稽

金庭路指剡川隈珍重良朋自此來兩鬢不堪悲歲月一巵猶得話塵埃家通曩分心空在世逼橫流眼未開笑殺山陰雪中客等閑乘興又須迴

趙能卿話剡之勝景

會稽詩客趙能卿往歲相逢話石城正恨故人無上壽喜聞良宰有高情山朝絕巘層層聳水接飛流步步清兩火一刀罹亂後會須乘興月中行

送孔徵君詩　卽孔淳之　皇甫曾

谷口山多處君歸不可尋家貧青史在身老白雲深掃雪開松逕疏泉過竹林余生負邛壑相送亦何心

送張司馬罷使適越　劉長卿

時危身赴敵事往任浮沈末路三江去當時百戰心春風吳苑綠古木剡山深千里滄波上孤舟不可尋

孤石

孤石自何處對之如舊遊氤氳峴首夕青翠剡中秋迴出奇峯當殿前雪山靈鷲慚貞堅一片夏雲長不去莓苔古色空蒼然

雪夜話別

扁舟乘興客不憚苦寒行晚暮相依處江湖欲別情水聲冰下咽沙路雪中平舊劍鋒鋩盡應嫌自贈輕

賈侍御自會稽使迴

江上逢星使南來自會稽驚年一葉落按俗五花嘶上國悲蕪梗中原動鼓鼙報恩看鐵劍銜命出金閨風物催歸緒雲峯發詠題天長百越外潮上小江西鳥道通閩嶺山光落剡溪暮帆千里思秋夜一猿啼柏署榮新寵桃源憶故蹊若爲能亟去行復草萋萋

路入剡中作　方干

戴灣衝瀨片帆通高枕微吟到剡中掠草並飛憐燕子停橈獨飲學漁翁波濤漫撼長潭月楊柳斜牽一岸風便擬乘槎應去得仙源直恐接星東

山齋讀書寄校書　錢起

日愛衡茅下閑觀山海圖幽人自守樸窮谷也名愚隔嶺知溪雨新泉到戶樞蘭叢齊稚子蟠木老潛夫憶戴時過剡遊山慣入壺濠梁時一訪莊叟亦吾徒

憶吳處士　賈島

半夜長安雨燈前越客吟孤舟行一月萬水與千岑島嶼夏雲起汀洲芳草深何當折松葉拂石剡溪陰

竹下殘雪　　邱爲

一點銷未盡孤明在竹陰晴光夜轉潔寒氣曉仍深還對讀書牖且關乘興心已能依此地終不傍瑶琴

送閻校書之越

南入剡中路草雲應轉微湖邊好花照山口細泉飛此地饒古跡世人多忘歸經年松雪在永日世情稀芸閣應相望芳時不可違

題招隱寺　張祜

千年戴顒宅佛廟此崇修古寺人名在淸泉鹿跡幽竹光寒閑院山影夜藏樓未得高僧旨烟霞空暫遊

剡中贈張卿侍御　嚴維

辟疆年正少公子貴初還早列名卿位新參柱史班千夫馳驛道駟馬入家山深巷烏衣盛高門畫戟閑逶迤天樂下照耀剡溪間自賤遊章句空爲衰草顏

送嚴十五之江東　戎昱

江都萬里外別後幾悽悽峽路花應發津亭柳正齊酒傾

遲日暮川闊遠天低心繫征帆上隨君到剡溪

送清徹遊太白山

卷經歸太白躡蘚到蘿龕若履浮雲上須看積翠南倚身松入漢暝目月離潭此景堪長往塵中事可諳

京口別崔固

積雨晴時近西風葉滿船相逢嵩岳客共聽楚城蟬宿館横秋島歸帆漲遠田別君還寂寞不似剡中年

遊東峯宗密精廬　溫庭筠

百尺青崖三尺墳微言已絶杳難聞戴顒今日稱居士支

遁他年識領軍暫對杉松如結社偶因麋鹿自成羣故山弟子空回首葱嶺還應見宋雲宋雲事見洛陽伽藍記

宿一公精舍

夜聞黃葉寺瓶錫兩俱能松下石橋路雨中山殿燈茶爐天姥客碁局剡溪僧還笑長門賦高秋臥茂陵

寄清涼寺僧

石路無塵竹徑開昔年曾伴戴顒來窗間半偈聞鐘後松下殘碁送客迴簾向玉峯藏夜雪砌因藍水長秋苔白蓮社裏如相問爲說遊人是姓雷

送剡客　趙嘏

雨重江外片帆斜數里林塘遶一家門掩右軍餘水石路横諸謝舊烟霞扁舟幾處逢谿雪長笛何人怨柳花若到天台洞陽觀葛洪丹井在雲涯

送張文新除温州

東晉江山稱永嘉莫辭紅旆向天涯凝絃夜醉松亭月歌馬曉尋谿寺花地與剡川分水石境將蓬島共烟霞郤愁明詔徵非晚不得秋來見海槎

送人之江東　劉商

含香仍佩玉宜入鏡中行盡室隨乘興扁舟不計程渡江霖雨霽對月夜潮生莫慮當炎暑稽山水至清

送宣武從事越中按獄　陸龜蒙

曉看呈使範知欲敕星軺水國難驅傳山城便倚橈秉籌先獨立持法稱高標旌旆臨危堞金絲發麗譙別愁當翠巘冤望隔風潮木落孤帆迴江寒疊鼓飄客鴻吳鳥盡殘雪剡汀銷坐想休秦岳春應到柳條

送蕭鍊師入四明　孟郊

閑於獨鶴心大於高松年迴出萬物表高棲四明巔千尋

直裂峯百尺倒瀉泉絳雪爲我飯白雲爲我田靜言不話
俗靈蹤時步天

送談公

坐愛青草上意含滄海濱渺渺獨見水悠悠不問人鏡浪
洗手綠剡花入心春雖然防外觸無奈饒衣新行當譯文
字慰此吟殷勤

剡溪館聞笛　　丁仙芝

夜久聞羌笛寥寥應客堂山空響不散溪靜曲宜長草木
生邊氣城池逗夕涼虛然異風出髣髴宿平陽

贈江州李十使君員外

我本江湖上悠悠任運身朝隨採樵客暮伴打魚人跡爲
燒丹隱家緣嗜酒貧經過剡溪雪尋覓武陵春

剡錄卷六下

宋高似孫著

詩

送越帥程公闢　趙汝礪監察御史裏行

畫舫參差看欲飛紛紛車馬厭塵泥右軍筆墨空蘭渚安道風流訪剡溪白首得時歸莫遽丹心懷國去猶稽月明會醉蓬萊閣應笑雲霄自有梯右次韻端正言韻

前題　曾孝宗虞部郎

虎符分鎮浙江東艤棹都門使旆雄雙槳徘徊枌社日高

牙搖曳剡溪風蓬萊閣讌公書簡賀監湖遊獄榜空行聽
越民歌德政亟還青瑣見旌忠

前題　劉奉世 集賢校理

使君遺愛徧南州五馬新歸瘴海頭持橐未厭青瑣直懷
章還作鑑湖遊餘姚人物傳吳遠越地山川向剡幽應有
清詩資臥理會吟他日記風流

前題　王仲修 崇文院校書

一麾占得山川勝金紐新挺左顧龜蒼闕鬬龍辭日下紅
旌引騎照江湄剡溪月午何妨醉曲水春餘好賦詩玉案

天香攜滿袖錦衣誰似過鄉時

晚泊嵊浦寄剡縣劉貺員外　潘閬

曉泛剡溪水晚見剡溪山徘徊駐行棹待月思再還漁唱
深潭上鳥棲高樹間應當金石友念我無暫閑

自諸暨抵剡　吳處厚

莫歎塵泥泊且圖山水遊幾峯天姥翠一舸剡溪秋不見
戴安道有懷王子猷西風無限意盡屬釣魚舟
東猶雙槳去暮不辨東西夕照偏依樹秋光半落溪風高
一雁小雲薄四天低莽蕩孤帆卸水村楊柳堤

秋渚涵空碧秋山刷眼青排頭烟樹老撲面水風腥上瀨
復下瀨長亭仍短亭夜船明月好客夢滿流螢
出得雲門路風悽日夕嘌船撐鑑湖月路指沃洲雲山邑
周遭見谿流屈曲分一觴還一詠誰似右將軍

憶越　楊蟠

蓬萊閣面對青山地上遊人半是仙漁浦夕陽橫掛雨鑑
湖春浪倒垂天高城尚鎖當時月故殿空留幾處烟長愛
剡溪堪發興雪中曾棹子猷船

寄雲門運禪師　顔復

句谿曲曲剡山重誰訪桑門物外蹤超世有言皆實際示人無意在機鋒平生懷抱佳高遯壯歲衣冠鏁俗容每想清禪心暫寂秋聲蕭瑟夜庵松

雨霽剡溪　錢昭度

剡溪風雨霽航葦重行行到處楊柳色幾家荷葉聲噪蟬金鼎沸游水玉壺清最喜魚梁畔歸帆的的輕

剡中野思　林槩

密樹芳穠碧草齊春華微度綠陰低谿蓮嵊水興何盡路接仙源人自迷落絮有情風上下好花無語日東西故園

桃李經年別一望歸心遶翠蹊

剡溪書懷三絕　膚天驥

山鳥逢春恰恰啼桃花流水路猶迷何時鼠子膏齋釜笑領白雲歸剡溪

故園生事只衡茅不管方兄久絕交糲食枯椽吾易足鷦鷯只占一枝巢

山杏枝頭鵯鶋兒來傳春意語多時危紅可是渾無力不奈東風盡日吹

泛剡溪

愁呵龜手冷搖鞭乘興來登訪戴船解事篙師小鳴艣恐
驚寒雁入晴天

龍宫寺　　華鎮

鹽梅器業尚風塵書劍曾游寂寞濱秀句玲瓏滿天下應
搜佳麗入機神

金庭洞天

嵩高秀入洛川清鶴去雲歸冷玉笙霜白金庭今夜月風
流依約有遺聲

桃源

嘉樹風生玉宇香鶯飛燕舞弄春陽歸來井邑皆如舊始
覺仙家日月長

瀑布嶺

春日雲崖晴杳杳東風山溜曉泠泠烟霞密邇神仙府草
木微滋亦有靈

戴溪

月華雪彩照長川一葉扁舟破紫烟十二瑶臺登賞夜清
光長似昔時天

題戴溪亭　林東

溪亭故事幾年華來值秋霖眺望賒雲障山巒多少處雨埋烟火兩三家水肥去馬行高坂汀沒閑鷗上淺沙誰是子猷誰是戴小船杯酒興無涯

獨秀山　李易

訪戴溪長近若耶金庭雪對赤城霞沼從鵠舉添蕭索峯似鸞翔解嘆嗟每愛林間百種蝶難忘竹外四時花剡川圖上他年指獨秀山前是我家

剡溪幽居

勝絕剡溪邊巢枝度半年燕囘銜落絮魚涌接飛泉丹鼎

山頭氣茶爐竹外烟幽居已成趣佳致若爲傳

浴鶻沼

鶻沼開新鑑纖塵莫遣遮翠光爭水鳥紅影湛山花天外時分月林端更蔚霞高飛留舊跡全付謫仙家

龍潭二首

雲巘移佳茗風潭遠怪松書傳黃石秘稅可紫芝供抵玉休驚鶻懷珠且伴龍聽經誰氏子卉服秀仍恭

鐵騎侵淮海龍潭路始通雲生迷寶刹月皎現珠宮瀉澗泉噴薄依巖樹鬱葱神交難獨擅吾黨契元同

西溪

玉龍擘山開南鶩肆奔猛風蕩雪濛濛月流光炯炯壯氣動貴門前驅入蛟井萬籟息中宵一匯臨絕境奔雷有遺音垂磬得深省白雲何所聞就宿孤峯頂

登軍營塢

褰裳涉流水倚水送歸雲海角春潛到山腰路忽分伏龍應厭睡飛雹駭論文鸛雀知機早翻然不待羣

居剡一篇寄鄭天和

金庭洞在桐柏山山高一萬八千丈中有神仙不死屈郁

郁黃雲覆其上透巖流壑遶四旁面勢參差皆意向難登天姥有時聞鶴羨沃洲何待放彩衣大勝宮錦袍白髮奉親仍縱賞異才爭出輔清朝爽氣自欣遊碧嶂古來無位有重名吾家謫仙陸魯望平生願到猶不諧剡復屈屈走俗狀桃源康樂舊鄉存路接風烟聽還往渡江正爲九華丹石筍飛泉歸指掌鸞翔鵠浴傳異時列岫方池閑想像剡溪隨處可卜居乘興扁舟一相訪

貴門卜築

亂後亦擇居筮山山輒許居民百餘家喜甚手欲舞云久

聞公名此幸殆天與感茲鄭重意時節共雞黍剡川非沃野地僻民更窶趁時務擷茗餘力工擣楮寡婦念遺秉滂池憐數畧我欲教耦耕盡力循南畝桃杏種連山深居可長處東隣有節士酒酣乃發語公昔起布衣高議掩前古親擢類平津決見逢真主兩宮佇六飛萬乘思一舉交侵正倔強蠭起益旁午浩然公獨歸偶出寧有補默塞復何言長嘆汗如雨

題龍潭壁

貴門今是鹿門山盡室扶攜萬壑間流水偶隨真自悟遙

岑相望若爲攀風翻竹塢慵休掃月過松扉靜不關潭底
臥龍煩一起正須霖雨濟塵寰

書剡山所見寄周侍郎

剡山無數野薔薇黃雲爛漫相因依玉盃淺琢承墜露金
鐘倒挂搖晨暉斑竹筍行三畝地紅藥花開一尺圍豆角
嘗新小麥秀來禽向長櫻桃肥歌舌隨風柳外囀翠花帶
水烟中飛魚跳破浪鶱赤鬣鶴唳投松翻縞衣鄉關萬里
久無夢巖壑四年今息機叮嚀杜宇往江北爲喚故人令
早歸

題剡溪　　王銍

我家住在剡溪曲萬壑千巖看不足卻笑當年訪戴人雪夜扁舟去何速

戴安道宅

山水戴逵宅尚餘清興中千巖落花雨一徑卷松風酒茗延幽子圖書伴老翁長生吾不羨久悟去來同

雪作望剡溪　　釋仲皎

玉樓瓊樹曉煙披擁衲開門四望迷清曠世人誰似我雪中更對子猷溪

懷剡川故居

烟光流轉太駸駸，又見春山換緑陰。蝴蝶夢中新歲病，杜鵑聲裏故鄉心。焦桐冷郤風三尺，瘦竹拖來月一尋。早晚掉頭歸小隱，誅茅千嶂白雲深。

斷雲流水古巖隈，憶得柴門半扇開。雪打子猷船上過，春從靈運屐邊來。逃禪野榻排芳草，覓句寒崖掃落苔。容易三年抛絶去，不勝啼月曉猿哀。

病日飛蠅鬓雪乾，欲扶吾道愧衰殘。把他杓柄力何倦，還我钁頭心便安。待摘菜花添午供，便裁荷葉備春寒。不辭

高臥烟霞裏枕上青山最好看

剡溪　　王十朋

千古剡溪水無窮名利舟乘閒雪中興唯有一王猷

了溪

禹迹始壺口禹功終了溪餘糧散幽谷歸去錫元圭

剡錄卷六下終

炎金

卷二

九

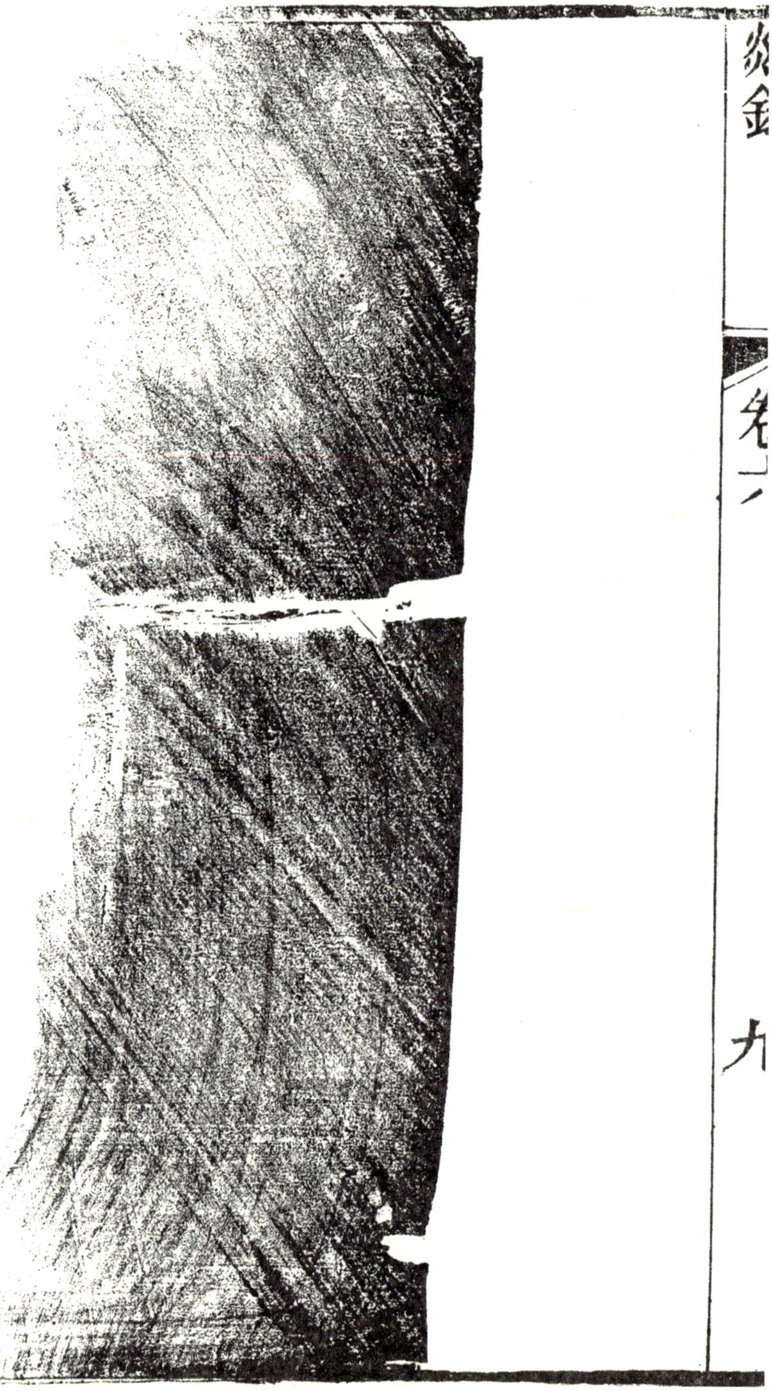

剡錄卷七

宋高似孫著

畫

戴逵畫南都賦圖

戴安道就范宣學中興書曰逵不遠千里往豫章請范宣宣見逵異之以兄女妻焉視范所爲范讀書亦讀書范抄書亦抄書唯好畫范以爲無用不宜勞思於此戴乃畫南都賦圖范看畢咨嗟以爲有益始重畫

戴逵畫行像

戴安道中年畫行像甚精妙庾道季看之語戴曰神明太俗由卿世情未盡曰唯務光當免卿此語耳列仙傳曰務光夏時人也好鼓琴湯將伐桀謀於光曰伊尹何如務光曰强力忍詬不知其他湯克天下讓於光光曰吾聞無道之世不踐其土況讓我乎負石自沈于盧水

王羲之像

金庭觀有右軍書樓墨池舊有羲之像

王徽之像

劉原父徽之讚曰人生誰不知妄爲世所束興來當暫往興盡期自復大雪晴溪路新晴月微燭去非斯人慕

返豈斯人辱優游便所適偃蹇尚幽獨

李紳像

龍藏寺有唐李紳書堂舊有李紳畫像

剡中溪谷村墟圖

畫錄曰毛惠秀剡中溪谷村墟圖一卷隋朝官本李嗣眞續畫錄曰惠秀繪事頗爲詳悉太自矜持翻成羸屯不及惠遠湘東王蕭繹續畫品曰毛稜惠遠子便連有餘眞巧未足

王詵雪溪乘輿圖

詵字晉卿東坡題其圖溪山雪月兩佳哉賓主談鋒夜

轉雷猶言不見戴安道爲問適從何處來欒城次韻亟
往造歸眞曠哉聾人不識有驚雷雖云不必見安道已
誤扁舟犯雪來李易詩剡川圖上他年指獨秀山前是

剡川圖

我家易歷給事中嘗居剡之貴門山剡川固可圖自惠
秀之後無其人耳一止剡溪道上詩一水縈不斷千巖
翠相扶扁舟訪雪月我昔見畫圖

訪戴圖

呂居仁答錢遜叔訪戴圖詩北風吹霜夜如雪江城草
木凍欲折病夫袖手無所爲一坐臨川已三月忽蒙妙

句起衰憊頓覺和氣生毛髪公能忘機我亦倦不待文殊見摩詰畫圖是非久未解況保長年不磨滅請君置畫莫多求要與時人除痟渴

李商老訪戴圖 當是商老所藏

李商老觀訪戴圖詩閑庭秋草積滿砌蒼苔深忽向氷紈上聊窺訪戴心雪月俱皎皎風林互森森縱觀停爐處猶聞擊汰音終年剡溪曲何嘗返山陰徒言興已盡眞妄誰能辨浮生圖畫爾慷慨爲長吟

廉宣仲訪戴圖 宣仲名布號射澤老農宣和間爲畫學博士

王銍云僕自會稽泛舟至剡中是時雪遲梅早烟外萬枝夾岸幽香不斷蓋非人間世也友人廉宣仲在四明聞之作子猷訪戴圖見寄作長句謝之仍書四絶句於圖後剡溪萬壑千巖景入境誰能識心境君畫山陰雪後船始悟前人發清興眼中百里舊山川荒林雪月縈寒烟應緣興盡故無盡賓主不見寧非禪當年戲留一轉語不意丹青能盡覩更畫人琴已兩忘妙畫子猷眞賞處白玉花開碧玉彎戴逵溪上謝公山若教當日逢斯景肯道扁舟盡興還越溪梅接剡溪濱得意還成一

景春此日可憐高興盡扁舟處處作東鄰山回水轉碧
玲瓏月在羣山四合中香滿一船梅勝雪休誇訪戴畫
屏風梅英與雪一般色不得北風香不知懶詠左思招
隱句先生今有畫中詩

仲皎廬山圖

仲皎所作廬山圖窈窕清潤有詩書氣僧惟敬所藏先
公翰林嘗跋

十八高士圖

先公翰林居剡作雪館於玉岑山又作集高亭繪晉人

剡十八高士爲圖列左右

紙

剡藤

李肇國史補曰紙之妙者越之剡藤舒元輿有悲剡川古藤文文在文卷中吳淑紙賦曰金花玉骨剡藤麻面劉禹錫詩精彩添隃墨波瀾起剡藤顧逋翁剡紙歌雲門路上山陰雪中有玉人持玉節宛委山裏禹餘糧石中黄子黄金屑剡溪剡紙生剡藤噴水擣爲蕉葉稜欲寫金人金口偈寄與山陰山裏僧手把山中紫羅筆思

量點畫龍蛇出正是垂頭塌翼時不免向君求此物丁晉公紙詩妙制剡溪人多名錦水春歐陽公詩剡藤瑩滑如玻瓈熊岑送程公闢詩溪藤蘋得句雪舫夜留賓黄太史詩蠶尾銀鉤寫珠玉剡藤蜀璽照松烟韓持國詩剡溪柔弱難爭强紫巖緊實爲最長李廌老詩相望唇亡齒寒國書來莫惜剡溪藤僧巽中謝吳令惠邈紙詩不用微文弔剡藤紙成功用貴深精布頭未足全彰美魚網徒勞獨擅名贈我喜同青玉案報公慚乏碧雲情道山何日鞭歸騎給札還應付長卿

剡紙

陸龜蒙詩宣毫利若風剡紙光如月梅聖俞詩花箋脆蠹不禁久剡楮薄慢還可怡

剡硾

薛能送浙東王大夫詩越毫逐厚俸剡硾得佳名注曰近相傳以搗熟紙名硾雞林志曰高麗紙治之緊滑不凝筆光白可愛號白硾紙林和靖詩紙軸敲晴響茶鐺煮曉濃和靖又有槐木紙椎贈周太祝詩輕如魚網滑如脂時寫新詩肯寄來硾紙其法椎擣也

剡溪玉葉紙

皇甫松非烟傳曰臨淮武公業位河南功曹參軍愛妾曰非烟北鄰子趙象窺見慕之象取薛濤詩以剡溪玉葉紙書之達意於非烟烟復以金鳳紙題詩酬之

澄心堂紙

剡用南唐澄心堂紙其樸甚展新安志曰績溪紙乃澄心堂遺物歐陽公韓持國有澄心堂紙詩米元章薛道祖亦有詩

玉版紙

東坡詩溪石琢馬肝剡藤開玉版黃太史有次韻王炳之惠玉版紙詩

敲冰紙

張伯玉蓬萊閣詩敲冰呈妙手織素競交鴛注曰越俗呼敲氷紙新安志曰紙敲氷時爲之益佳剡之極西水深潔山又多藤楮故亦以敲冰時爲佳蓋冬水也呂本中詩敲氷落手盈卷軸頓使几案生淸芬

羅牋

蘇易簡紙譜曰蜀人造十色牋其文謂之魚子牋又謂

之羅㦸剡溪有焉

古物

晉剡鐘

晉郭璞傳元帝爲瑯琊王使璞筮遇豫之睽曰會稽當出鐘以告成功上有勒銘應在人家井泥中得之及帝卽位太興初會稽剡縣人果於井中得一鐘長七寸二分口徑四寸半上有古文所書十八字云會稽嶽命餘字時人莫識

戴安道琴

琴箋曰安道一琴比常製長一尺

許承瓢

唐先天中女冠投簡金庭見褚伯玉所得許承瓢遂持以進

顧歡素琴

歡隱剡山齊高帝徵至進政綱優詔稱善賜歡素琴

顧歡麈尾

齊高帝又賜歡麈尾

秦系硯

秦系山居詩洗硯魚仍戲移樽鳥不驚系注老子穴山石爲硯

剡西古硯

剡開元鄉民斸土値研邑下巖也渾璞溲蝕受墨處獨低中隳凹處唐以前物銘玉在深山有道則見山耶石耶陵谷幾變嗚呼此玉不晦不炫不以知貴不以棄賤

八角石硯

剡丁發硯於破冢外肖羲畫內鑿禹海越手輕爽石性已空入土老也銘二火一刀研與人俱高甲乙丙丁硯

與數不逃石之饕志之勞女之騷人之豪

二大洗

吳莊漁人得之歸章氏章氏遺余銘金兮精火兮明土兮英水兮清器兮貞人兮聲

翠壺

甲戌冬剡丁發諸荒墟壺範簡古蘚花黛綠銅性空入手輕甚銘黛澤涵靈苔花布蹟金性積蛻土膏齧蝕

三足洗

表弟周樞得之清化銘尚古維入範模首智伊谷可陵

厥用罔暨

剡録卷七終

炎

卷十

九

剡錄卷八

宋高似孫著

物外記 祠附

道館

金庭觀在剡金庭山是爲崇妙洞天金庭福地 道經曰王子晉登仙是天台山北門第二十七洞天桐柏山洞中三十五里見日月下見金庭壁四十里又曰天台華頂之東門曰金庭洞天周王子晉善吹笙爲鳳凰之聲從浮邱登高而羽化緱山去後主治天台華頂號白雲先生往來金庭風月之夕山中有聞吹笙者 循山趾而右得小香爐峯其峯八面卽洞天之北門 唐裴通記曰金庭洞天在縣之東南循山趾而右得小香爐峯卽洞天之北門嘗聞

異香時值仙人從古不死眞天下之絶境也又有五老峯上多大松卓劍峯其山形似劍觀之後爲放鶴峯山峯巒奇聳多古木其東有仙人走馬岡岡有路跡下有龍湫水極清洌下流爲小澗有赤水橋又東爲洞山山中人皆姓董又曰董山是爲毛竹洞天洞天記曰毛竹爲二十七洞天洞門巖石竦立有老木龍藤糾繞巖石洞前有碧洞去觀二里曰再渡村世傳右軍渡此見山嶺崇峻以爲罕有故謂之罕嶺去觀東去十五里有大湖山峯勢入天上有赤水丹池池可丈餘深不可測其水色赤勺之則其清如鏡禱雨甚靈舊爲王右軍宅東廡設右軍像有書樓墨池鵞池裴通記曰瑯琊王羲之家于此山其書樓墨池舊制猶在書樓今不存墨池方

丈餘水或清或黑亦甚異也又有鶖池在卓劍峯之下可三畝水極清潔石鼓山有靈鶖巖謂鶖飛于此山

右軍捨宅爲觀初名金真館又改金真宫舊傳右軍捨讀書樓爲觀

宋齊間褚伯玉居此山伯玉居此山三十餘年後游南岳霍山復歸謂弟子曰吾從此去十旬當逝及期而終年八十六史言齊高帝迎之沈辭疾勑于剡白石山立太平館居之與舊經少異

約有金庭館碑唐先天間遣女道士投簡金庭觀見許承瓢遂持以進真誥曰上虞吳曇得許承一瓢贈伯玉伯玉亡授弟子朱僧標歷代寶之可受一斛

張說題金庭觀詩元珠道在豈難求海變須教鬢不秋他日洞天三十六碧桃花發共師游

唐僧小白題金庭觀詩羽客相留宿上方金庭風月冷如霜直饒人世三千歲未抵仙家一夜長

羅隱送裴饒歸會稽詩金庭路指剡川隈珍重艮朋自此來兩髩不堪

悲歲月一卮猶得話塵埃家通曩分心空在世逼横流眼未開笑殺山陰雪中客等閒乘興又須迴

李易居剡寄鄭天和詩

金庭洞在桐柏山山高一萬八千丈中有神仙不死區郁郁黄雲覆其上透巖流竅遶四傍面勢參差皆意向雞登天姥有時聞鶴羡沃洲何待放彩衣大勝官錦袍白髮奉親仍縱賞異才爭出輔清朝爽氣自欣游碧嶂古來無位有重名吾家謫仙陸魯望平生願到猶不諧剡復區區走俗狀桃源康樂舊鄉存路接風烟聽還往渡江正爲九華丹石笋飛泉歸指掌鸞翔鵠浴傳異時列岫方池閑想像剡溪隨處可卜居乘輿扁舟一相訪

劉旦遊金庭詩

衛岳真人稱福地南齊高士寄山阿赤城仙去騎丹鳳墨沼人傳詠白鵞一世風流俱寂寞千年氣象故差峩登臨不盡懷人恨惟有蒼蒼石可磨

仙都李清叟詩

山屬蓬壺第幾重奇峯翠岫繞靈宮雲藏毛竹深深洞烟起香爐裊裊風放鶴已歸天漢上養鵞無復小池中羽人盡得飛章法神與寥陽路暗通

歐陽建世詩

右軍平昔愛觀鵞倘

有池塘聚漾波但見當時塵跡在徘徊終日對嵯峨　天台金卞詩尋眞翁養浩崇妙路迢迢洞掩峯千疊塵分水一條白雲生石壁飛閣插崖腰隱隱存仙跡渾疑在碧霄　羽士葉參先詩迢遞人間入路遙忽窺仙闕絕塵囂事尋奇異披燕石文載輿崇是晉朝攻藝高樓無筆硯養鸞靈沼識蓊蕘英雄雖逐年華謝萬古英風冠碧霄　淮南馬并詩右軍學業隱林邛世隔年餘景尚幽苔鎖一泓殘墨沼雲遮三級舊書樓欣逢羽客開金闕快觀仙童侍玉旒自恠今朝脫凡骨飛身得向洞天游　四明朱全詩憶昔羲之古事修龍蟠雲捲卒難搜鸞池墨沼今雖在誰復書堂筆下求　羽士李太澄詩步步溪山轉幾重五雲深處敞琳宮峯巒秀擁神仙致門徑清無世俗風晝靜碁聲深院裏月明琴弄夜堂中丹成仙子無餘事祇待蟠桃信息通

桃源觀唐爲太清宮在剡門之北唐武德八年置號太清後廢乾祐三年重置曰

桃源觀人言太清宫屋址延袤在北門之外今門外田疇猶曰宫前阪按吳越時有東都帖曰桃源觀宫主靈逸大師陸契眞乞以錢本回運香油未審剡縣太清宫所彼三清大師作眞聖宫北帝院使用則是時太清宫尚存又與桃源觀爲二區矣　沈遘贈剡溪桃源宫王道士詩　我昔剡溪游道人一相遇重來十歲餘顔色宛如故顧我命衰早髩毛已蒼然乃知世上榮不若山中閑道人家東都問胡不歸北北方多風塵素衣化爲黑斯言其所信吾志亦江湖瀟洒會稽守平生欣莫如君恩容苟安願奉三年計幸爾數到城閒談北方事　觀有古鐘　世傳鐘霾今嶽祠前田池中

僧廬

惠安寺在剡山之陽舊曰般若臺寺又曰法華臺寺　晉義熙二年南天竺國有高僧二人入金華師道深弟子竺法友授阿毘譚論一百二十卷甫一宿而誦通道深遂讚法

友釋迦重興令先授記遂往剡東岬山復於剡山立般若臺寺會昌廢咸通八年重建改法華臺寺天祐四年吳越武肅改興邑寺大中祥符元年改今額十道志曰西臺寺今法臺寺是也陳惠度所立

寺有上方軒窗與溪山對極高明之眺中産草號鹿胎草獵士陳惠度射鹿此山鹿孕而傷既産以舌舐子身乾而後母死惠度棄弓矢投寺出家後爲名僧鹿死之處生草號曰鹿胎草

寺有灌頂壇張繼剡縣法臺寺灌頂壇詩九燈傳像法七夜會龍華月靜金田廣幡搖銀漢斜香壇分地位寶印辨根芽試問因緣者清溪無數沙

趙嘏有早發剡中法堂寺詩當是法臺寺暫息勞生樹色間平明塵事又相關吟辭宿處烟霞古心負秋來水石閑竹色半開鐘未絕松枝靜霽鶴初還明朝一倍堪惆悵回首塵中見此山

寺有增勝堂寺僧彦强所居王銍題詩心是華嚴境圓機更善根一塵猶可見十勝不爲繁放鶴掃松逕呼猿開竹門

妙高峯頂住客到亦忘言

彥強山居詩

老矣無能役巖分草草緣放渠藜六尺鋤得屋三椽雪盡收茶早雲晴拾箘鮮有時臨近澗揖手弄潺湲

擇璘題思安淸意大師幽遠庵詩

得意幽深觸處眞何須邱壑密藏身愛茲殊勝園林地非彼等閒花木春白晝杜門人莫到清談絕俗世離親紛紛鬧市繞山脚獨有此中無點塵

圓超寺在剡山之西舊曰靈岫庵

晉天福六年建奉國王院大中祥符賜今額

銓詩

松間清月佛前燈庵在危峯更上層犬吠一山秋意靜敲門知有夜歸僧

山中奉靈感大士精祈必格寺有大觀舊記

記曰圓超禪院舊曰靈岫庵有老僧獨居禮觀

音觀音乃舊工王溫夾苧爲之治平初國子博士鄭公
宰剡秋夜月明夢一人儀形有異進而前曰衣敝久矣
幸念之一日詣寺見大士像喟然曰感夢者非此乎命
工繪飾宰及去謂院僧曰大士常感于予願輸金易之

以去僧合謀曰金雖多豈若大士在山中可爲無窮之福利也齎金請于宰前二夕宰之家人皆夢大士曰翌日當訣矣宰見僧至遂奉以歸自是剡人益異其事乃記大士靈感之因大士靈感之跡云崇寧五年四月旦承務郎尉鄭雄飛記有亭盡得溪山登覽之勝曰挾溪亭盧駿元

題圓超寺挾溪亭詩

孤亭瞰平野雙溪分兩腋野闊春風香溪清照人碧我來亭上天欲春溪聲野色爭趁人胸中邛壑相映發翛然便欲乘飇輪惜無妙手王摩詰半破鷺溪重畫出溪山應喜得賞音盡遣烟霞供落筆我嗟吟髩犯車塵一凭危欄眼界新寄謝溪聲與山色他時來作箇中人梅谿王十朋次韻路入剡山腰風生玉川腋孤亭物外高雙溪眼中碧山僧作亭去幾春賞音端的逢詩人自從妙語發邛壑遂使絕境多蹄輪我來首訪維摩詰問訊雙溪自何出發源應與婺溪同賦物慚無沈郎筆凭欄一洗利名塵入眼翻驚客恨新王銍登挾溪亭詩山城重重水如帶可能挽住思鄉人

剡中何許隔林坰無復晴巒到眼明顙有西南天一角亂雲深處疊秋屏松嶺之側舊有俯山堂前拖衆山下瞰井邑堂廢已久昔人留題甚多如近離城郭不多地高壓樓臺無限家不知誰作寺前巨竹數萬箇琅玕入天今非昔矣

瑞像寺在邑之東吳越武肅王所創唐景福元年

南巖廨院唐龍紀元年建縣東二百步今廢爲民居

實性寺在剡山之西唐曰清泰院唐乾元中建清泰院會昌廢晉天福七年重建大中祥符元年賜今額寺下有古井井地輿志曰城內有石井深五丈即此也

超化院在剡門之北其後枕剡坑有林澗之美晉天福七年建水陸院大中祥符改今額院有鑑軒石延慶題鑑軒詩一軒曾以鑑爲名軒下方池徹

底清坐客不須頻拂拭主人猶恐太分明一塵不染元無物萬象俱涵豈有情堪笑越湖三百里等閑風浪不曾平

劉彝嘗賦悼賢詩越州剡縣超化院皇祐辛卯春予寄居是邑民方阻饑流莩萃于里集於城下縣令祕丞過公彥專勸誘豪族得米二萬斛以救民明年又饑遂出常平錢萬緡請糴于明歸以剡價取其羸米幾萬斛繼續民命尚慮其不給也乃刻俸麥七十斛爲種而假超化院左僧民之田十餘頃役饑民耕種之明年得大麥五百餘斛嗣給流民各俾歸業熙寧己酉春予倅永嘉就移湖北道出剡縣民有懷過公者尚皆感泣而院僧聞其云亡尤增痛悼因書屋壁繼以詩良疇十頃接晴烟曾假過侯救旱年俸麥一車開德濟流民千里荷生全人嗟逝水今亡已俗感遺風尚泫然獨對老僧談舊事斜陽春色漫盈川　先公

和曾原伯寄超化舉長老詩　文聲宮祉韻鸞和素履冰霜凜節柯鵬翼扶搖驚斥鷃鳳翔寥廓舞靈鷲參元問學淵源遠友許游從日月多誰袖新篇來古剡夜寒不覺聳肩哦

明心院四山環合自成一嶼寺在其中前臨松嶺路通吳越建隆二年陳承鄴捨宅建號黃土塔院大中祥符改今額在縣北二里曾國唐咨記記曰

邑北五里林巒幽邃如城郭其西北一隴望之蔚然高出於羣峯曰黃土嶺嶺腰有靈泉清泠甘滑行者負者滌熱爲涼顯德七年鄉民蘇老賓請于錢氏爲僧院宋建隆初爲黃土塔院又有陳房二翁捐山以廣寺治平三年賜今額景祐中僧仁偃甃爲二泓立廊以升凡二百級人至瀟灑不知人間有暑惟佛法能轉惑見爲眞知郤羣迷爲正覺離執著爲圓明然後逍遙乎眞空之裏超悟乎妙道之塲所謂明心者因夫明心之理以告云

西山之巔有歸鴻閣王銍歸鴻閣詩

初離江渚荻生芽飛到龍荒雪滿沙寄語不須傳信遠將軍憂國不憂家不向幽林敞畫欄夕陽空伴六朝山故人爲我留歌興絕勝溪邊訪戴還今君有意去來中白日無私物自公回首溪山莫留戀不隨社燕與秋鴻

仲皎歸鴻閣詩

精舍傍修嶺道心隨眼明山遺僧偃跡水作剡溪聲　又無雨竹亦潤有風松更清上方眞可住不用觸歸情

有歸雲亭仲皎歸雲亭詩一從飛出岫舒卷意何長作雨遍天下乘風歸帝鄉無心憐灑落到處自清涼縹緲來空碧吟邊帶夕陽　又有偃公泉僧仁偃施水得名水味清甘宜茶王梅溪偃公泉詩泉自何時有得名從偃公誰能繼長陸爲載水經中　寺有詩僧仲皎自號閑閑庵今爲倚吟閣先公爲僧惟敬記之寺之南麓先公翰林所藏山有藏書寮又有雪廬玉峯堂香堂

福感寺依小坡有竹前有橋橋下澗水通焉晉天福四年建號報恩大中祥符改東二十五里

普安寺居坦平後依山甚高峻號白雲山雲起卽雨山中林木前有池宋元嘉二年建會昌廢後唐清泰二年興東二十五里

資福寺在平野後有小山東望四明山前鑿小池晉天福八年建號增福大中祥符改東三十里

尊勝寺在小坡陀中山枕四明山寺之山曰清泉山凡寺之內外前後每鑿地三尺必得水雖地有高下無所異丈室之前有兩池清潔紺碧宋永嘉二年日厚山院會昌廢天福六年建東四十里

華藏寺居陽坡有竹樹左爲四明山乃茹蘭禪師所立晉開

運二年號雲峯院大中祥符改東四十五里

上乘寺枕四明山四圍皆山多林樾池前一巨壑其左一池水湛潔距寺之西南一里有雪潭有龍居焉梁永明二年置

安福寺會昌廢景福元年興建東七十里

法祥寺據山山勢秀拔左右環擁林木陰翳寺之後有峯曰獅子頂距寺三里有靈鷲山世傳右軍鷲池中鷲飛至山中山有石鼓洞洞爲穴二高七丈有二石鼓晉時于此山置石鼓山洞中可坐一二十人清淨澄邃洞之前有澗水潺湲宋元嘉二年號延福會昌廢後唐清泰二年興大中祥符改法朗又改今額東七十里

清隱寺居山腰其北三峯皆峭峻巨杉交蔭路通四明雪竇山其第二峯有龍池池中有金蛇金線文龜蛇見則雨前有二洞橋橋下清澗湍激又有四照亭左右有二巨壑唐大中七年建號三峯院治平三年改東七十里仲皎送僧入三峯詩上人瞿曇裔律身玉無瑕力究毘尼論汪汪海無涯振錫復何許三峯隱蒼霞堂上大道師靈芝發根芽相見湧法施鼕鼕鼓聲過上人從之游勿憚歲月遐坐待霜露熟香風散天葩

明覺寺據山後依燕尾峯面獨秀峯林木環聳山中有七井其一大者深五丈闊一丈有一靈鰻若大椽常見之寺之左有白蓮龍潭下有大壑曰白蓮池寺始於長安營焉後有老

師望一處有靈光遂遷寺今謂之光明塘後有聞山中鐘鼓聲者又遷今所梁大通元年智遠禪師建禪林寺會昌廢晉天福建大中祥符改今額南二十里

空相寺依平山前有澗水太平興國元年號開明院大中祥符改南四十里

禪惠寺居山之坡山形圍焉山林蔚青前有一池右有迴龍橋橋之下澗水出焉山中有古井齊景明中安南將軍黃僧成家天雨錢數億萬捨以造寺號錢房寺梁天監中改禪房寺會昌廢咸通二年重建西二十里

天竺寺宅山之腰山極崇峻多篠竹前山亦巍竦寺之前有石曰安禪石四五枚又有破石石平爲半有清澗環

激晉天福七年建號西明院祥符改今額西二十里

顯淨寺在平嶼左右有松竹寺有八池水甚清美其西廡有白鶴井齊永明三年建清林寺會昌廢後唐長興元年建大中祥符元年改縣西二十里

悟空寺據高巖前有巨釜又東有山澗通蛟井周廣順元年於古烏流寺基建保安院治平二年改在縣西二十里有石如鼓不擊自鳴白樂天沃洲山記曰北對四明而金庭石鼓介焉盧天驥題石鼓詩山在江城欲盡頭招提無處著清幽寒沈水底長留月冷入天圍不剩秋村靜遠遺看鶴戶溪寒只愛釣魚舟眼前佳思能如許悔不長爲隱地游

大明寺居獨秀山面大谿有古井可五尺深數仞水不曾少竭山之西爲韶國師所鑿有坑甚深晉天福四年有姚氏女捨宅爲

寺曰崇明寺治平二年改今額西五十里

真如寺白道猷行谿而來登山腰有禮拜石石上有兩穴賸如陷焉山中築庵道猷居焉其後於山之坦平者立刹四圍山林蔚茂峯巒峻拔澗溪繞寺清汲皆通澗水入于五龍山潭周顯德元年號寶壽院大中祥符改西四十里

宣妙寺居法華山林樾清邃山有大士井泉味清美深無底東麓有清泉筒引以入於寺其東二小池植蓮宋元嘉二年號崇明寺會昌廢晉天福四年建治平改西四十里

方鴻飛宣妙寺詩雲觀烟樓是梵家竹園如洗漚寒沙因風綠浪搖晴麥遇雨紅香落澗花入鎖畫房聽鳥語僧歸晚塢放蜂衙不須老遠來沽

酒只覓天
酥爲點茶

戒德寺依火爐尖山山甚秀拔如星子峯前有松林左右皆松竹二池澄潔齊永明三年置光德院會昌廢天福七年建西四十里

普惠寺依遥望山有林樾前有橋流水過之東爲放生池齊永明三年號安養法華院會昌廢乾符重建治平改西四十里

王銍題普惠方丈詩

鏡裏形容水底天定將何物喻真禪
心安便是毘盧界盡日添香伴兀然

證道寺居五龍山峭崖絕壁上拔雲霄竹樹陰蔽前有陰澗來自寶壽山注於龍潭潭有五山中有晉高僧白道猷道場山中產茶不在日鑄下取潭中水瀹茶尤奇絕西四十五里晉開運元年號五龍院

定林寺依山林壑崇峻山抱其右其左翼以大谿水石清湍水出於黃院相去五里有響巖雨下則巖響又有東泄潭有龍居焉其左有山曰石姥山宋元嘉二年號松山院會昌廢晉天福重建治平改西四十五里山中有響巖龍潭盧天驥過定林寺詩寒旌隱隱入花村小雨初晴水帶昏不憚山程尋寺去只將詩思與僧論菱侵水步深藏艇柳暗人家半掩門莫厭禪居蕭冷甚此來一爲訪谿藤

下鹿苑寺山接太白山其上即披雲寺宋元嘉二年建號靈鷲寺會昌廢咸通十四年重建治平元年改西四十五里有隱天閣盧天驥登鹿苑隱天閣詩欲結愛山人其了尋山債未有買山錢愁聞有山賣小雨濕春風倦雲遮落日不若吽風來吹雲放山出一眼呑萬山寸

心貯千里何日上歸舟教人問春水殘雪領春來疎鐘驚夢去尚憶去年愁孤舟繫江樹再登隱天閣詩好在滄洲趣青蘋入眼多落紅隨水盡啼鳥奈春何生事詩千首功名印幾窠如何喚禪伯軟語坐盤陀

山有龍潭潭洩水下爲飛瀑對瀑水爲玉虹亭盧天驥登鹿苑寺玉虹亭詩饑鼯愁玃號窮冬層巒秀壁撐晴空閑拖小藤借餘力來看霜巖飛怒虹小奚催呼老款段瀹鼎篝火烹團龍餘甘入口齒頰爽兩腋便欲生清風悠然千里墮眼界金篦刮膜開雙瞳乃知足力不到處別有天地生壺中國恩欲報已華髮征車未去先晨鐘玉川乘雲紫皇家謫仙騎鯨河伯宮聊追二子歸禹穴碧空轉首山重重

葛翁仙壇壇之北有仙井水極清美下通海眼四時不竭上有石覆之

上鹿苑寺山自太白山來有姚聖姑者來赴下鹿苑供不

納遂披雲登山中曳裾止處有靈犬隨之遂立寺盧天驥游鹿苑寺山詩喜策舜春杖登高不待扶蟻寒穿柳影蜂暖飽花鬚把酒憐櫻笋臨流憶鱖魚他時公事了方有醉工夫宋元嘉七年姚聖姑於西山造披雲院晉天福七年吳越改披雲寺西四十五里

山中有接山堂盧天驥詩政和戊戌自東憲游云予嘗愛晉人吏隱多在會稽而王子猷肙雪訪戴尤爲一時勝事予以捕寇過剡時方大雪初霽山流暴漲橋斷不可行遂登鹿苑寺憑欄四矚便覺溪山來相映發豈真中令嘗曰應接不暇處耶爲名堂爲接山且賦詩以紀其事故職老欲盡新春慳未來無令隴梅覺且遣山禽催雲間古招提鐵鳳翔斗魁單車夜剡啄境淨無纖埃修篁舞瘦蛟怒瀑生晴雷坐久談頗風吹我心霧開乃知白蓮社未下黃金臺緬思王騎曹逸韻挽不回且同謝康樂屐齒破蒼苔重遊定不惡林壑富詩材

盧天驥再登接山堂詩鷲峯游屐少我獨住多時僧護翻經

石猿攀嘯月枝地寒春到晩山遠夢歸遲尚被浮雲誤
吾心信自癡着地嵐陰撥不開傍閒同到妙高臺老僧
只恐泉聲少坐遣飛雲喚雨來修蛇細路困車牛公
事催人不自由欲到遙岑冷侵骨寄聲歸雁莫來休

剡錄卷八終

剡錄卷九

宋高似孫著

草木禽魚詁上

木

松

酈道元水經曰嵊山臨江松嶺森蔚戴逵松竹贊簛歟松竹獨蔚山皋肅肅修竿森森長條戴公文章世少見之此贊甚簡古森嚴

柏

謝靈運山居賦曰木則松柏檀櫟會稽郡記曰會稽境多名山水峯崿隆峻吐納雲霧松栝楓柏枝擢幹聳

鄭僧保剡人孝感甘露降松柏條

檀　傳曰檀可爲車故曰彊韌之木陸璣草木疏曰檀木皮青滑澤宋南渡初製五輅須檀爲車軸取諸剡至今郊年文移如舊

櫟　水經曰謝靈運與惠連聯句刻孤潭櫟側詩曰山有苞櫟爾雅注曰櫟有梂彙自裹

梓　水經曰謝車騎居嶀山東北江曲起樓樓側桐梓森聳

桐　謝車騎嶀江所居桐梓森聳人號桐亭丹池山在剡

之東舊曰桐柏山道經曰上有桐柏合生

楝　出謝靈運山居賦楝有花詩人稱之梅聖俞楝詩紫絲暈粉綴鮮花緑羅布葉攢飛霞陳後山詩密葉已成蔭高花初著枝

椿　剡溪谷多此木孔德紹詩歲積松方偃年深椿欲秋用莊子事妙絕

杞　謝靈運詩澁池溉粳稻輕雲暖松杞齊唐詩楩柟非給燎魴鱮必施罛

楮　出越經說文曰楮穀也陸璣草木疏曰江南以楮擣

紙剡溪作冰紙亦取此東坡詩膚爲蔡侯紙子入桐君錄李易剡貴門卜築詩趁時務擷茗餘力工擣楮謂作紙也

檉

出山居賦越經爾雅曰檉河柳張衡南都賦注曰檉似柏而香江淹檉頌曰碧葉菴藹頳柯翕艴喻鳧詩曉壇檉葉露春圃朮苗風

檜

李德裕平泉草木記曰木之奇者會稽之檜爾雅曰檜柏葉松身越僧 忠詩山檜影寒猶帶雪溪流聲澁未銷冰剡谷間有絲檜益奇

橡　漢書注曰橡栩實也顧況書堂銘曰橡栗𨸏險猨猿相爭許渾詩霜肥橡栗茁山鼠月冷菰蒲散水禽

柞　周處風土記曰始寧剡界山多柞木吳越之間名柞爲櫪爾雅曰栩杼柞樹也漢五柞宫即此木

石楠　李白詩水舂雲母碓風掃石楠花祖巳詩不知疊嶂夜來雨清曉石楠花亂流魏王花木志曰石楠樹野生二月花開剡山谷多此冬時葉尤可愛

朴　平泉草木記曰厚朴得之剡溪

樟　出越經酉陽雜俎曰江東人以樟爲船張嵊詩白水

汪汪滿稻畦樟花零落徧前溪

椂 輿地志曰越太平山生椂木剡多此木非止太平山也

櫧 出越經李嘉祐詩子規夜啼櫧葉暗遠道春來半是愁

相思木 平泉草木記曰相思木得之剡溪三異記述異記皆曰戰國時魏有民戍秦妻思之卒塚上生木枝葉皆向夫所謂之相思木吳都賦曰相思之樹注曰樹理堅邪斫之有文可作器陸龜蒙詩樹號相思枝滿地鳥

語提壺聲滿溪權德輿相思木詩空見相思樹不見相思人

栟櫚　十道志曰會稽有椶剡山谷多植山海經注曰一皮一節廣志曰栟櫚葉如車輪二句一採轉復上生郭璞栟櫚頌曰異木之生疑竹疑草攢叢石徑森蓰山道此八字奇東坡椶子詩贈君木魚三百尾中有鵞黃子魚子仲皎椶子詩緣木求魚不是難夜叉頭上提波瀾皮剜龍甲淩雲老子入魚胎帶雪寒

竹　許敬宗竹賦曰篔谷著美稽山見知衛稱淇澳梁賦

夾池吳筠竹賦曰渭川千畝山陽數林會稽潤玉羅浮
邑金竹在會稽尚矣剡左右沙村最宜竹

箭竹　爾雅曰東南之美有會稽之竹箭剡謝巖五龍山尤多靈運山居賦曰二箭殊葉注曰箬箭大葉筭箭細葉戴凱之竹譜曰會稽箭最精節間三尺堅勁中矢字統曰箭竹之別形小身大葉曰箭竹原父箭竹詩冉冉東南美托根那在茲黃太史箭筍詩會稽竹箭天下聞青嶺霜筍搖紫雲巽中詩適越長懷冬筍美遊吳未數蓴絲滑

毛竹　金庭山毛竹洞天有毛竹李大　詩毛竹巖深藏羽客柯山日晷更舒長李清叟詩雲藏毛竹深深洞烟起香爐裊裊風

斑竹　博物志曰洞庭二女以涕揮竹盡斑唐蔣防湘妃泣竹賦曰帝舜兮南巡不迴二妃兮心傷已摧淚淚淚而墮睫竹冉冉而凝苔李端詩雲去低斑竹風來動白蘋李易剡山詩斑竹筍行三畝地紅藥花開一尺圍

燕竹　燕來時作筍取其早也王梅溪在剡有詩問訊東牆竹佳名始得知龍孫初迸處燕子正來時

苦竹　山居賦曰竹則四苦齊味注謂黃苦青苦白苦紫苦也越又有烏末苦頓地苦掉顙苦湘簞苦油苦石斑苦苦竹以黃苞推第一謂之黃鶯苦剡亦有之孟浩然詩歲月青松老風霜苦竹餘亦有油竹

水竹　山居賦曰水石別谷自注曰水竹依水生甚細密

石竹　山居賦注曰石竹本科叢大以充屋榱巨者竿梃之屬細者無箐之流閩中記曰勞竹似石竹

慈竹　任昉述異記曰南中生子母竹慈竹是也西陽雜俎曰慈竹夏雨滴汁入地而生王勃慈竹賦曰如母子

之鉤帶似閨門之悌友喬琳慈竹賦曰類宗族之親比同朋友之造膝宋景文公慈竹贊曰根不他引是得慈名注曰竹性土産根不外引密不容笴生夏秋也

桃枝竹　書曰篾席黼純孔安國曰篾桃枝竹也爾雅曰桃枝竹四寸有節又有梁簡文帝竹賦曰玉潤桃枝之麗魚腸雲母之名梁元帝詩柯亭臨絕澗桃枝夾細流皮日休詩鼓子花明白石岸桃枝竹引翠嵐溪

筀竹　字書曰筀竹名也有早筀晚筀黃筀縣筀梅聖俞詩侵天筀竹溪西東

筋竹　羅浮山疏曰筋竹堅利南土以爲矛筍未竹時堪
爲弩絃皮曰休詩烏紗任岸穿筋竹白袷從披趁肉芝
閃竹　越閃竹卽宋景文黃太史所謂對青竹宋公贊曰
翠溝如畫太史賦曰金碧其相
紫竹　剡山谷間往往有之宋景文紫竹贊曰竹生三歲
色乃變紫
方竹　玉岑山所植贊寧筍譜曰辰山有方竹其方二寸
桂苑叢談曰李德裕遊甘露寺贈僧方節竹杖後數年
至寺僧圓之矣陸龜蒙筍賦曰洪纖靡定方圓不均注

曰南方有方竹宋景文方竹贊曰竹箇皆圓此獨方形
張忠定公方竹詩筍從初茁已方堅峻節淩霜更可憐
王平父方竹詩方竹同吾操端然直物間
八面竹　剡山有之竹徑幾寸近本逮二尺節極促四面
參差竹書曰如魚鱗而凸頗類八面
耳
淡竹　本草曰竹類不一而農經所載惟筆竹苦竹淡竹
蘆栖竹　嵊山有蘆栖灣王梅溪嵊山賦靈禽忽翥於蘆
栖竹譜曰竹膚是蘆浙江以東以爲　空於筆

花

牡丹　仲皎牡丹詩玉稜金線曉妝寒妙入天工不可干老去只知空境界淺紅深紫夢中看擇璘牡丹詩東君著力爲渠栽妙絶眞姿不受埃嗟我一觀如夢幻倚欄非爲愛花來

芍藥　李易剡山詩斑竹筍行三畝地紅藥花開一尺圍王梅溪剡館芍藥詩已過花王候纔聞近侍香來遊禁酒地免作退之狂

海棠　草木記曰木之奇者會稽之海棠沈立海棠記曰

德裕言花中帶海者從海外來程琳海棠詩所謂海外移根灼灼奇是也海棠以蜀本爲第一今山間所有多野海棠王梅溪在剡有海棠詩欲與春爭媚嫣然一笑芳雨中如有恨疑是爲無香先公在剡謝人海棠詩富貴天姿錦里人高華全比玉堂臣綠嬌紅嫩精神足肯折園林兩樹春注曰花譜以海棠比翰林學士唐吳融海棠詩太尉園林兩樹春年年奔走看花人此詩全成識也

桂　草木記以剡中丹桂爲奇德裕有訪剡溪樵客得紅

桂詩曰昔聞紅藥枝獨秀龍門側越叟遺數株周人未嘗識來自天姥峯長凝翠嵐色記中曰又得剡中眞紅桂李白詩何以折相贈白花青桂枝雖然剡溪興不異山陰時劉長卿寄剡中諸官詩桂香留客處楓暗泊舟時梅溪王公記周氏天香亭曰巖桂數百根皆古木也蒼然成林森然而陰洞然而深闢徑通幽而亭乎其中主人日與客游焉如入宜人之林而夏不知暑如登飛來之峯而香飄自天如騎蟾蜍游兔宮而下視人間世眞剡之絕境也先公次韻楊少雲桂花詩溶溶漠漠秋

光淡耿耿寥寥夜色清不是靈根函爽氣如何醖得此
香成玉兔搗霜千萬粒淒風折作四花凝廣寒慣識朝
眞趣一笑秋空意欲淩少雲名寅爲兵部侍郎時同在
剡
四季桂　予雪館嘗植四季桂白居易詩有木名丹桂四
時常馥馥袁據詩芳林挺芳幹一歲三四花據晉人也
雪桂　雪館雪中桂有花坐客以爲自古未有余曰李賀
詩雪下桂花稀杜牧詩桂花香帶雪古人已見之
山茶　平泉草木記曰得會稽之山茗越山固多也陶弼

山茶詩淺爲玉茗深都勝大曰山茶小海紅先公雪館

山茶詩江南嘉木蔚蒼蒼能與山梅次第芳葉厚耐摯

三寸雪飛初怯受一番霜

石巖　花比杜鵑尤紅石巖先放葉後著花仲皎石巖花

詩朱英歷歷爍晴空過了花間幾信風明日晝欄供徙

倚郤須有句到芳叢

荼蘼　王梅溪剡館荼蘼詩曰烘香倍遠雨浥韻尤清山

谷詩雨浥何郎試湯餅日烘荀令炷爐香其用日烘乃

山谷詩中來也先公剡中賦酴醿花詩羽蓋朱幡上下

㠓倚欄碧動舞蛟龍誰憐淡素朝天面自現光明滿月容楊柳風柔雲絮濕薔薇露重染衣濃典型猶帶醺酣力醞得餘春百倍醲

杜鵑　剡僧擇璘杜鵑花詩蠶老麥黃三月天青山處處有啼鵑懸崖幾樹深如血照水晴花暖欲然三嘆鶴林成夢寐前生閬苑覓神仙小山拄頰愁無奈又怕聲聲聒夜眠剡人謂之映山紅唐僧修睦有映山紅詩山前幾見烟邊重溪畔曾逢雨後斜

瑞香　西太白山有此花盧天驥剡山瑞香花詩入夢生

香酒力微不須金鴨裊孤𦧺爲嫌淡白非眞色故著仙家紫道衣時廬正在西山也了元瑞香譜曰廬山瑞香比他郡最香信乎風物各有相宜吳曾漫錄曰廬山瑞香花天聖中始傳東坡諸公悉作瑞字此山記中載瑞香花及訥禪師詩山中瑞采一朝出天下名香獨見知張祠部以瑞爲睡其詩曰曾向端州睡裏聞香風占盡世間春竊花莫撲枝頭蝶曾見南窗半夢人先公翰林詩雲岑深處獨翹翹香逐吳山一夢銷味入禪心清透徹錦熏籌暖不容招

紅梅　盧天驥迎薰堂紅梅詩河陽滿縣栽桃李風過落花吹不起潘郎遠韻故不凡爲米折腰聊爾爾剡溪詩尹亦可人作堂餉客名迎薰雖無桃李繼潘令紅梅一窠香入雲自憐多病繡衣客百年未半鬢先白長鞭短帽飽霜露田園將蕪身未索何日背琴攜瘦筇鳴絃堂上迎薰風梅香已斷葉初暗滿枝著子雙頰紅寄聲艇子可留意爲我沿溪撑短篷王梅溪紅梅詩桃李莫相妒天姿元不同猶餘雪霜態未肯十分紅

千葉黄梅　王梅溪詩菊以黄爲正梅惟白最嘉徒勞千

葉染不似雪中花先公翰林詩一夢梨花失曉雲晚貪
黃裏弄精神寒枝染透薔薇露猶向人間犯色塵

蠟梅　花有紫心者青心者紫者色濃香烈謂之辰州本
蠟梅聲名自蘇黃始徐師川詩所謂江南舊時無蠟梅
只是梅花臘月開也王梅溪剡館蠟梅詩非蠟復非梅
誰將蠟染肥游蜂見還訝疑自蜜中來

菊　朱放剡溪舟行詩漠漠黃花覆水時時白鷺驚船此
溪邊有菊花也先公於雪館西坡手種一二百本最奇
者紫菊丹菊杜荀鶴詩雨勻紫菊層層色風弄芭蕉葉

葉聲庾信詩層霄映紫芝之潛澗况丹菊是也先公有種
菊詩菊載神農經不見詩三百周官敘鞠衣一言僅可
摘黄華紀吕令落英餐楚客伯始飲得壽桐君書探賾
移根候萌動需時當甲坼我羨柴桑里敢希履道宅不
種兒女花朱宋與白白閲譜品雖多求栽地恐窄揠苗
助其長抱甕溉以澤朗詠黄爲正流播風騷格寒香紫
茁蘭晚節銅柯柏相繼早梅芳一笑巡簷索

丁香　剡山白丁香絶多殊不惡李賀詩亂繫丁香梢滿
欄花向夕錢起丁香詩露香濃結桂池影鬭蟠虬

薝蔔　此花生山谷榛篁間最多禪月所謂白薝蔔花露滴也韓渥詩整釵梔子重呵酒菊花香杜甫梔子詩其實也王梅溪詩禪友何曾到遠從毘舍園妙香通鼻觀始悟佛根源

水仙　水仙自曾直文潛詩得名有單葉者先公詩朝朝暮暮泣陽臺愁絕冰魂水一杯巫峽雲深迷昨夢瀟湘雪重寫餘哀菊如相　無先意梅亦傾心敢後開惱徹會心黃太史他花從此不須栽

薔薇　李易剡山詩剡山無數野薔薇黃雲爛熳相因依

李白題東山亦曰不見東山久薔薇幾度花

淩霄　山谷老松淩霄直上與松柏雨花霄暑元稹詩寒竹秋雨重淩霄晚花落白居易詩有木名淩霄擢秀非孤標

剡録卷九終

炎錄

卷九

三

剡錄卷十

宋高似孫著

草木禽魚詁下

果

梅　皇甫冉寄袁郎中經剡詩受律梅初發班師草未齊崔顥入剡詩山梅猶作雨溪橘未知霜仲皎次韻王性之梅花詩白玉叢邊碧玉流見花無復爲花羞春風細雨溪山路洗盡去年今日愁春到寒林雪得知雪中誰解認芳姿溪山飛上一輪月香滿風前獨立時擇璘梅

花詩花老香微春始來禁寒唯有雪相陪無情誰爲添愁怯雨後風前亦可哀江朝宗梅花詩朝宗栝蒼人有詩名小小人家短短籬冷香溼雪雨三枝寂寥竹外無窮思正倚江天日暮時月淡霜清驛路長一枝春信到江鄉西山餓死魂猶瘦洛浦仙遊佩亦香先公翰林次韻新新數點照疎籬又折今年第一枝只爲知心無著處雪中獨立最多時踏雪歸來水路長親曾相見白雲鄉風來風去都無那吩咐行人一點香

杏　盧天驥剡中詩山杏枝頭鵓鴣兒來傳春意語多時

王銍杏花詩玉人半醉點豐肌何待武陵花下迷記得鞦韆歸後約黃昏新月粉牆低醉裏餘香夢裏雲又隨風雨去紛紛人間春色知多少莫掃殘花不盡魂

桃

張燕公題金庭觀詩他日洞天三十六碧桃花發共師遊東坡詩云劉氏宅邊霜竹老戴公山下野桃香王梅溪白桃詩洗盡夭夭色泠然衆卉中御將千葉雪全勝幾株紅

李

林概剡郊野思詩故園桃李今年别一望歸心繞翠蹊越桃李品最繁剡亦多佳種翠李胭脂桃最高李紳

遊剡龍宮精舍晝寢有老僧見一黑蛇上剎前李樹食其子復望東序而去入紳懷中僧曰公睡中有所覩否李曰夢中登李樹食李甚美似有一僧相逼乃寤僧知非常延遇甚謹

櫻桃　李易剡山詩豆角嘗新小麥秀來禽向長櫻桃肥盧天驥鹿苑詩把酒憐櫻筍臨流憶鱖魚沈約詩野棠開未落山櫻發欲然剡山固多山櫻

枇杷　謝靈運七濟曰朝食既畢摘果堂陰春惟枇杷夏則林禽春安得有枇杷也始寧墅多植此剡坑吳莊最

多宋謝瞻枇杷賦曰肇寒葩於結霜成炎果乎纖露則熟乎夏矣宋周祗枇杷賦曰四序一采素花冬馥八字瓌妙

林檎　山居賦曰枇杷林檎帶谷映渚青李來禽出羲之帖梅聖俞詩右軍好佳果墨帖求林檎李易剡山詩豆角嘗新小麥秀來禽向長櫻桃肥

蓮　剡少陂隰蓮芰非利錢昭度剡溪詩到處楊柳色幾家荷葉聲尚言此也擇璘荷花詩雙雙白鷺墮青空飛入花汀雜翠紅煙火一篷漁舍晚歸時蕩漾小船風全

似惠崇大年小景

瓜　剡之西太平鄉產奇瓜紺翠如筩味絕佳庾信所謂美酒含蘭氣甘瓜開蜜筒齊靈敏剡人種瓜營葬朝採夕生

棗　棗在嵊山間往往青棗耳韓愈詩棗圃落青璣瓜畦爛文貝唐詩雨顆青璣密風香白雪翻若蕭山則赤棗甚奇庾肩吾詩踴躍賴魚醉參差絳棗浮是也

石榴　剡近東陽故多榴房晉潘尼張載張協應貞潘岳夏侯湛若庾儵范堅宋顏測皆有安石榴賦古人愛之

若此

葡萄　廣志曰葡萄黃黑白三種越剡間多碧葡萄王梅溪剡館葡萄詩珠帳纍纍挂龍鬚蔓蔓抽從渠能美釀不要博涼州

木瓜　越剡所產多青瓜不復丹色如宣城梅溪者何承天木瓜賦曰維茲木之在林亦超類而獨劭方朝華而繁實比沙棠而有曜佳語也

胡桃　尚書故實曰右軍禽李帖又曰胡桃種已成矣木元虛四明山記曰芙蓉峯山足生胡桃今新剡間種此

晉鉏滔母荅吳國書胡桃外剛樸內柔甘質似古賢欲以奉貢善形容如此

柹

剡所多也種亦不一謝靈運山居賦曰椑柹披實於長浦簡文賜柹啟有云懸霜照采四字甚奇

椑

潘岳詩前庭樹沙棠後園植烏椑

梨

剡梨多種蓋杜詩所謂塞柳行疎翠山梨結小紅者然更有大且重者庾信詩寒谷梨應重秋林栗更肥

栗

始寧墅有栗圃陶隱居曰栗會稽最豐諸暨形大皮厚不美剡及始寧皮薄而甜秦系謝朱放訪山居詩土

栗添初味殊花帶老顏又山中寄錢起苗發詩稚子唯能覓梨栗逸妻相共老煙霞

榧　平泉草木記曰木之奇者稽山之榧東坡詩彼美玉山果粲爲金盤實玉山屬東陽剡暨接壤榧多佳者僧巽中棐湯詩久厭玉山果初嘗新棐湯棐肉和以生蜜水腦作湯奇絕其木宜製書几王昌齡詩爐香淨棐校松影閒瑤墀是也

柑　剡素無柑近有種者擷實類橘風味不減黃巖胡公柑賦處漢之南背江之陰水帶淸流山向高岑種柑法

也

橙 張籍詩山路黃橙熟沙田紫芋肥眞剡中風物也梅聖俞詩越甕橙熟久楚飯稻舂初

橘 崔顥入剡詩山梅猶作雨溪橘未知霜任昉述異記曰越多橘柚園越人歲稅謂之橙橘戶亦曰橘籍

柚 列子曰吳越之間有木焉曰櫾碧樹而冬青實丹而味酸爾雅音義曰柚作櫾崔琦七蠲曰于斯江潭實產橘柚紫葉元實綠裏朱莖謝惠連詩含苞者柚忘憂者萱實摘柯摧葉殞條繁

鍾乳　山居賦曰訪鍾乳於洞穴靈運自注曰近山之所剡崖谷亦生焉梅福四明山記南一峯石壁數穴生石乳沈約遊金庭觀詩朋來握石髓賓至駕輕鴻剡固有此也又詩玉竇膏滴瀝石乳室空籠鮑昭詩銅溪晝森沈乳竇夜滴瀝劉珊詩石牀新溜乳金竈欲成丹姚郃詩玉英含石乳黃粉落松花皮日休詩鶴聲入夜歸雲屋乳管逢春落戶牀張籍詩石洞新生乳寒泉舊養龍李適詩捫壁窺丹井梯臺瞰乳穴章孝標詩露寒鍾乳結風定玉花香古人詩中多喜用此

丹砂　崖谷間亦有之人不知采耳李白剡中詩無以墨綬苦來求丹砂要寰宇志曰會稽歲貢丹砂

禹餘糧　舊經曰嵊北餘糧嶺產禹餘糧博物志曰禹治水棄餘食於江爲禹餘糧李羣玉詩澗有堯時韭山餘禹代糧逋翁剡紙歌宛委山裏禹餘糧石中黃子黃金屑

雲母石　剡山接地壁嶺道間所生石色晶熒葛洪丹經用雲子者雲母也白居易詩朝餐雲母散夜吸沆瀣精張籍詩鍊成雲母休煩爨占得雷公當吏兵皮日休詩

深夜數甌唯柏葉清晨一器是雲華注曰雲華雲母別名

石燕　梅福四明山記曰南峯之北巖生石燕

茯苓　山居賦曰茯苓千歲而方知杜甫茯苓詩翻動神仙窟封題鳥獸形李益茯苓詩松膏爲茯苓妙者龜鶴形章孝標詩注餅雲母滑漱齒茯苓香剡山多喬松松下多茯苓典術曰松脂入地千歲爲茯苓

朮　剡山有朮爾雅曰朮山薊也庾肩吾朮煎啟曰綠葉抽條生於首峯之側紫花標色出自鄭巖之下楊侃詩

結茅野客前溪住採术幽人絕頂行方干詩雲迷收术路雪隔出溪時秦系詩霓裳雲氣潤石徑术苗春

黃精 舊經曰石鼓山多黃精博物志曰太陽之草名黃精謝靈運游名山志曰天室山多黃精秦系期王鍊師詩黃精蒸罷洗瓊杯林下從留石上苔昨日圍棋未終局且乘白鶴下山來

藷藇 本草曰齊越名山芋輿苑曰野人謂之土藷張師正倦游雜録曰署蕷唐代宗名預改爲藥英廟諱上一字卻呼蕷藥溫公送薯蕷苗詩客從魏都來遺我山藷

實則曰山藷王荆公王岐公和蔡樞密山藥則曰山藥
黄魯直和七兄山蕷湯詩則曰山蕷
地黄　山居賦曰采石上之地黄剡地種之白樂天採地
黄詩採之將何用持以易餱糧
仙茅　齊唐集曰少微山有仙茅詩曰仙方上品誇靈種
忽怪靈芝坼紫苞玉澤返嬰看驗術少微山是小三茅
李商老詩聞說仙茅勝鍾乳移根遠自西山阿剡亦有
焉人少採耳
草

芝　鄭僧保剡人廬墓芝生於墓

蘭　越絕書曰勾踐種蘭於蘭渚山舊經曰蘭渚山勾踐種蘭之地王謝諸人脩禊蘭渚亭山居賦曰風生浪於蘭渚日倒影於椒塗豈惟蘭渚多蘭剡蘭固自漫山競秀但花不如蘭渚豐挺耳仲子陵幽蘭賦曰貞正內積芬華外揚和氣所資精明自得此十六字超出筆墨蹊逕其知蘭者乎王拱辰送陸軫守越詩綦墅風煙清早夏禊亭蘭茝暗殘春一時稱傑句錄之

秋蘭　山居賦曰水香送秋而擢蒨注曰水香蘭草也當

是秋蘭秋蘭古人最所鍾愛一經靈均風騷之士競知
慕焉離騷曰秋蘭兮蘼蕪羅生兮堂下緑葉兮素華芳
菲菲兮襲予又曰秋蘭兮青青緑葉兮紫莖張衡思元
賦曰纗幽蘭之秋華東京賦曰芙蓉覆水秋蘭被涯魏
武帝陌上桑曰拄杖桂枝佩秋蘭曹植迷迭香賦曰芳
暮秋之幽蘭兮麗昆崙之英芝又詩繁華將茂秋霜悴
之君不垂眷豈云其誠秋蘭可喻桂樹冬榮又詩秋蘭
被長坂晉傅元秋蘭篇秋蘭蔭玉池池水清且芳又詩
秋蘭豈不芬鮑肆亂其芳元鼓吹曲又曰謀言協秋蘭

清風發其芳陸機詩氣惠秋蘭潘尼詩流聲馥秋蘭一秋蘭之微而詞人眷眷如此是亦懷貞挺秀可以比德歟此從永嘉移本大暑如蕙擢花八九月之交香特重於春蘭也

蕙　廣雅曰蕙草綠葉紫華林概詩吳娘晚唱穿菱葉楚客春心託蕙叢

長生草　剡之東四明山生草曰長生不死草雖甚枯槁得水即葱翠甚爲異也東方朔神異經曰會稽橫山有草莖赤葉青人死服之活十洲記曰不死草出祖洲田

人既死者活述異記曰漢武帝時月支國獻活人草仙傳拾遺曰祖洲不死草生瓊田中名養神芝葉似菰苗叢生一株活一人杜光庭神仙傳曰秦皇時苑中多疫死者有鳥銜草覆其面卽活王右丞長生草詩老根那復占春晴能住虛空自發生

鹿胎草　獵士陳惠度射鹿剡山鹿孕而傷舐子死其處生草曰鹿胎草

恒春草　唐方士梁鍠進恒春草詩東吳有靈草生彼剡溪傍既亂莓苔色仍連菡萏香金膏徒騁妙石髓莫矜

艮黛使沾涓滴還遊不死方

菖蒲　左氏傳曰昌歜說苑曰昌本陶隱居曰昌陽東坡石昌蒲贊序蒲有昌陽之辨盧天驥定林寺沿溪采石菖蒲詩曉行隱隱入花郵小雨初晴水氣昏莫厭僧家能冷淡且穿芒屩采溪蓀仲皎詩　破雲根溼蒼玉擇璘詩寒石一拳添瘦削皆佳句也

麝香茱　西山有之卽紫苑苗也

石耳　生四明山絕壁絕甘滑

茶品

會稽山茶以日鑄名天下余行日鑄嶺入日鑄寺綆日鑄泉瀹日鑄茶茶與水味深入理窟茶生蒼石之陽碧澗穿注玆乃水石之靈豈茶哉山中僧言吾左右巖隖能幾何茶入京都奉臺府供好事者何可給蓋取諸近峯剡居半然則世之烹日鑄者多剡茶也日鑄以水勝耳建溪顧渚溪以茶名者水也剡清流碧湍與山脈絡茶胡不奇余留剡幾年山中巨井清甘深潔宜茶方外交以茶至者皆精絕篋中小龍幺鳳至鐍不擊唐僧清晝詩越人遺我剡溪茗採得金芽爨金鼎剡茶聲唐已著

李易剡山詩雲巘移佳茗風潭遶古松栽種也趁時務擷茗餘力工搗楮采擷也丹鼎山頭氣茶爐竹外煙烹試也仲皎贈剡僧秀藴點茶成梅花詩未飛三白雪卻報一枝春皆風流人也作茶品

瀑嶺仙茶　五龍茶　眞如茶

紫巖茶　鹿苑茶　大崑茶

小崑茶　焙坑茶　細坑茶

泉品

陸羽水品二十劉伯蒭水品七品藻天下名泉也余盡取

剡中潭谷水入茶三歎茶非水不可水得茶方神耳盧天驥玉虹亭試茶詩纔見飛泉眼卽明玉虹垂地半天聲何時蕭散無公事洗鉢重來汲淺清又航湖未逐鴟夷子得水今同桑苧翁試遣茶甌作花乳從教兩腋起清風斯人殊有風度作泉品

葛仙翁井泉

瀑布泉縣西太白山絶崖如壁林木蔭翳上有葛仙翁祠

五龍潭縣西北山多竹箭山有寺兩山合

簟山三潭縣東四明山山危峭怪石四立上深入山根中在山之半石有大士

下一在山

石門潭　縣西

響巖潭　縣西

動石潭　縣北

三懸潭　縣西南之北石壁峭拔老蝙蝠大如鴉棲　中

紫巖潭　縣西其山危拔入雲

橐潭　縣西北山絕危峻下一潭日浮潭言人之不可　也然後造上

亞父潭　縣西

雪潭泉　上乘寺

偃公泉

龍藏大井

明覺大井

竹山大井

謝巖潭下有穴水出焉

獅子巖大井巖頭

禽

鶴　張籍詩春雲剡谿口殘月鏡湖西水鶴沙邊立山鼯竹裏啼李易剡山詩魚跳破浪奮赤鬣鶴唳投松翻縞

衣盧天驥剡中詩但數十家看鶴戶與兩三隻釣魚船

鵠

出山居賦廣志曰黃鵠出東海徐幹七喻曰雲鶴水鵠張伯玉詩冷風徐引江鵠飛白雲迴首青猿啼李易剡山有浴鵠沼詩沼從鵠舉添蕭索峯似鸞翔解歎嗟又鵠沼開新鑑纖塵莫遺遮

鴇布老切性不上樹

出山居賦朱超詩綠草間遊蜂青葭集輕鴇謝朓詩田鶴遠相叫沙鴇忽爭飛郭璞上林賦注曰鴇似雁無後指

鷮居苗反

出山居賦陸璣疏曰兩足之英有鷮爾雅曰鷮雉

長尾走且鳴抱朴子曰雉有擅澤之鶴

雉

爾雅雉鸐也元稹詩馴鷗眠淺瀨驚雉入平蕪齊唐詩纖綸魚罟尾鳴鏃雉摧斑晉王叔之翟雉賦曰雉見質而不陋翟表文而不華晉孫楚翟賦曰班五色之奇章揚皦皦之清音爾雅曰鸐山雉尾長溫庭筠詩冉冉山雞紅尾長一聲樵斧驚飛起江濤剡中詩麥隴將雛馴乳雉柳塘遺子漾游魚

鷴

項斯詩更望會稽何處是沙連竹箭白鷴羣西京雜記曰鷴有白鷴有黑鷴李白詩請以雙白璧買君雙白

鷴詩人所樂尚者

子規　李易剡山詩叮嚀杜宇往江北爲喚故人令早歸仲皎懷剡川故居詩蝴蝶夢中新歲病杜鵑聲裏故鄉心成都記曰蜀王杜宇稱望帝死化爲鳥名杜鵑一名子規爾雅曰巂周卽此鳥也越人謂之謝豹

鶯　出舊經詩義疏曰黃鳥鸝鶹也或曰黃栗留或曰黃鳥一名倉庚謝靈運酬惠連詩嚶鳴已悅豫幽居猶鬱陶

畫眉　梅聖俞詩山鳥本無名兩眉如粉畫文與可畫眉

詩百囀千聲隨意移山花紅紫樹高低始知鏁向金籠聽不及林間自在啼剡林谷雅多此也

拖白練　張九齡詩山禽毛如白練帶棲我庭前栗樹枝張祜詩紅蕉心半卷白練尾長垂文與可詩磐石坐深林不欲人求見隔岸誰品絃數聲拖白練玉岑山最多尤可玩愛

黃雀　剡人候雀曰白露來霜降去張芸叟詩所謂黃雀知時節清江足稻粱是也蘇子由亦曰秋風下黃雀飛禾田熟黃雀肥其日百箇同缶仍相依者可醢也

婆餅焦　梅聖俞詩婆餅焦兒不食爾父向何之爾母山頭化爲石山頭化石可奈何遂作微禽啼不息先公翰林集高亭詩山亭十月晏溫朝倚檻一聲婆餅焦舌澁力微寒氣早不成清亮卻成嬌

啄木　爾雅曰啄木鴷也白居易詩豈無啄木鳥嘴長將何爲賈島詩經年抱疾誰來問野鳥相過啄木頻

布穀　出舊經溫庭筠詩蓮塘艇子歸不歸柳暗霜濃聞布穀

戴勝　出舊經爾雅曰戴勝鵀也春秋考異郵曰孟夏戴

紝降春秋說題辭曰戴紝出蠶期起傅元陽春賦曰覩
戴勝之止桑聆布穀之晨鳴梅聖俞詩名翬依麥雉戴
勝繞枝翔文與可詩戴勝入園春巳老栗留過壟麥將
熟程致道戴勝賦曰惟戴紝氏知與時通降於柔桑以
趣女工

鳩　盧天驥剡詩强呼膏雨鳩閑管乍有香泥燕猛忙

巧婦鳥　出舊經鷦性巧巢至精若刺韈又名韈雀張祜
詩舊巢飛巧婦新葉長宜男梅聖俞巧婦鳥詩巧婦口
流血辛勤非一朝捋荼時補綻風雨畏漂搖

伯勞　出舊經周書時訓曰五月鵙始鳴蔡邕章句曰鵙伯勞也李嘉祐詩映花雙節駐臨水伯勞飛

鵓鴣　盧天驥剡中詩山杏枝頭鵓鴣兒來傳春意語多時歐陽詹詩郵店月西入山枝鵓鴣聲鵓鴣鴉舅也張祜詩落日啼烏舅空林長寄生胡文恭詩二月辛夷猶未落五更烏舅最先啼此詩說盡鵓鴣啼最早也

山鷓鴣　白居易山鷓鴣詩山鷓鴣朝朝暮暮啼復啼啼時露白風凄凄黄茅岡頭秋日晚苦竹嶺下秋日低剡山中最多

竹雞　梅堯臣詩恐傷爾心不敢泣春岡細雨聞竹雞林和靖詩晝巖松鼠靜春墅竹雞深王性之詩慘慘風林叫竹雞冥冥山路曉光微璧德操詩山盡路迴人蹟絕竹雞時作兩三聲陶岳零陵記曰竹雞狀如鷓尾少長北夢瑣言曰竹雞食半夏

吐綬鳥　剡太白山有雞五色吐綠綬號吐綬鳥埤雅曰綬雞似雉吐物數寸食必蓄嗉臆觸其嗉行每遠草木古今注曰吐綬鳥曰錦囊劉禹錫吐綬鳥詩越中有鳥翔寥廓嗉中吐綬光若若李易太白山吐綬雞詩昔人

仙去斷丹梯憔悴深山吐綬雞百囀和鳴非我事漫將
文采慰幽棲

鶉　博雅曰鶉善鬭梅聖俞鶉詩脫命秋隼下鳴鬭自相
仔夏爲黃鶉秋冬爲白鶉夏鶉入饌絕勝人多籠致李
白詩君看海上鶴何似籠中鶉

鸕鷀　剡溪上漁舟所載者也裴晃詩淺沙游蚌蛤危石
起鸕鷀蒼頡篇曰鸕鷀似鶂而黑楊孚異物志曰鸕鷀
不生卵而孕雛於池澤間又吐生以環掛其項入水捕
魚日得數百

翡翠　李紳詩魚驚翠羽金鱗躍蓮脫紅衣紫药摧于仲文詩花驚飛翠羽萍散躍赬鱗柳宗元詩古苔凝青枝陰草溼翠羽倉頡解詁曰鷸翠別名也韓渥詩天長水遠網羅稀保得重重翠碧衣則謂之翠碧鳥蔡邕翠鳥詩迴顧生碧色動搖揚縹青錢起翠鳥詩擘波得潛魚一點翠光去形容盡矣李易剡山浴鵠沼詩翠光爭水鳥紅影湛山花謂此也

鷗　秦系剡中詩家中匹婦空相笑池上羣鷗盡欲飛倉頡篇曰鷗大如鳩山海經注曰鷗水鴞也南越志曰鷗

在水中隨潮上下常以三月風至乃還洲嶼頗知風雲渡海以此爲候也

白鷺　朱放剡溪詩漠漠黃花覆水時時白鷺驚船趙湘剡谿唐郎中所居詩開池延白鳥掃樹帶清秋詩義疏曰鷺好潔白齊魯謂之春鋤吳越謂之白鷺鳥

鳧　梁簡文詩戲鳧乘洑下漁舟冒浪前又詩旅雁同洲宿寒鳧夾浦飛許敬宗詩波擁羣鳧至秋飄朔雁歸皆剡中風景毛萇詩傳曰鳧水鳥鄭元詩箋曰鷺鳧屬也方言曰野鳧甚小好投水謂之鷿鷈倉頡解詁曰鷗名

水鴞晉張望鷺鶿賦曰惟鷺鶿之小鳥託川湖以繁育
能卒性以閑放匪窘惕於籠畜謝朓野鳧賦曰碎文錦
之丹臆納綺絲之翠衿
㶉鶒　溫庭筠詩剡溪漁客賀知章任達憐才愛酒狂㶉
鶒葦花隨釣艇蜻蜓菰菜夢橫塘謝惠連㶉鶒賦曰覽
水禽之萬類信莫麗乎㶉鶒服昭晰之鮮姿憩川湄而
偃息臨海異物志曰㶉鶒食短狐在溪中無毒氣古人
淮賦曰鶒尋邪而逐害是也陳昭裕圖經曰㶉鶒宿潴
若有敕令其浮游也雄左雌右皆有式度

鵁鶄　周禮曰會稽宜鳥獸注曰孔雀鸞鵁鶄之屬歐陽詢曰鵁鶄似鳧高腳毛冠晉摯虞賦曰鵁鶄呈儀若刻若畫巧態多姿乍浮乍沒

脊令　出越經杜公所謂沙晚脊令寒者越人曰雪姑贊寧物類志亦曰雪姑爾雅曰䳭渠脊令也飛則鳴行則搖又有坑鵲殊小

魚鷹　舟過嵊江一禽如雪擒魚健於隼問之漁人曰魚鷹也溫公魚鷹詩翩然下林表不憚風湍惡歐公詩輕飛若下鞲豈畏風灘惡人歸晚渚靜獨傍漁舟落

獸

麖　靈運自注山居賦曰麖音京能跱擲字書曰麖大鹿也一角而牛尾王梅溪崿山賦曰皇書亭畔又看麖滯之蹤

麕　出山居賦詩傳曰麕獐也伏侯古今注曰齊人謂麕爲獐吳越春秋曰獐者偉偟也麕性膽怯見水輒奔魏文帝詩彎弓忽高馳一發連兩麕張九齡詩雲雁號相呼林麕走自索黄太史詩何處驚麕觸禍機煩公走騎割輕肥

麂或作麿音几 爾雅曰麂大麕旄毛狗足元稹詩庭狎仙翁麂池游縣令鼂葉清臣詩山迴人逢麂江清客厭魚杜甫麂詩永與清溪別蒙將玉饌俱剡其庶乎

羱 出山居賦爾雅注曰羱羊似吳羊而大其角橢出西方義訓曰羱羊養草以盤旋注曰暑天塵露在其角上取生草戴之而行愛之獨寢又廣志曰羱羊角重於肉代都賦曰大角謂之羱

豕 舊經劉禹錫進野猪狀曰收刈之餘田獵有獲異於芻豢著在方書

熊　李白詩湖月照我影送我至剡溪又曰熊咆龍唫豕冬蟄說文曰當心有脂曰熊白味美好舉木引氣莊子所謂熊經鳥伸冬蟄不食飢則舐其掌其美在掌盧象詩明月聞山鳥寒崖見蟄熊李端詩熊寒方入樹魚樂稍窺泉陳陶詩鶴鳴高崖裂熊鬭老樹倒梅聖俞詩霜落熊升木林空鹿飲溪

羆　出山居賦詩傳曰黃羆赤羆大如熊脂白而麤柳宗元羆說曰羆之狀被髮人立絕有力

貍　說文曰貍伏獸淮南子曰貍頭似鼠剡山谷產玉面

貍東坡所謂牛尾貍也劉原父詩貍品牛尾貢茶芽鷹爪長洪駒父詩官酷初　鴨頭綠滿眼俱來牛尾貍

貛

出山居賦百官名曰三公拜賜貛皮一北史曰老羆當道臥貛子那敢過剡山有之

猿

虞鶱嵊亭詩澄潭寫度鳥空嶺應鳴猿李白剡中詩猿近天上啼人移月中棹又曰謝公宿處今尚在綠水蕩漾青猿啼劉長卿詩鳥道通閩嶺山光落剡溪暮帆千里思秋夜一猿啼仲皎東太白山嘯猿亭詩挂煙森木冷啼月一山秋

狐　詩傳曰狐色赤述征記曰狐聽冰無聲乃渡張説詩啼猿抱山月飢狐獵野霜

豺　出山居賦爾雅曰豺狗足説文曰體細瘦謂之豺季秋取獸四面陳之謂之祭獸嘗行黄沙道中見一豺與一野豕絶大爲野丁所得

獺　出山居賦塡雅曰獺似狐而青小膚似伏翼水居食魚廣雅曰獺一歲二祭豺祭方獺祭圓續方言曰水居知水嘗於江見獺祭以　大魚陳之石上甚整宋之問詩飲水畏驚猿祭魚常見獺

玃　剡太白山趙廣信鍊丹登仙之處有赤玃爾雅曰玃父善顧郭璞注曰似猴而大能玃持人好顧盼呂氏春秋曰猴五百年化爲玃盧天驥鹿苑寺詩飢鼯愁玃號窮冬層巒秀壁撐晴空

兔　越山谷間産兔剡尤多王充論衡曰兔舐雄毫而孕口中生子博物志曰兔望月而孕子沈約宿東園詩茅棟嘯愁鴟平岡走寒兔王維詩設罝守毚兔垂釣伺游鱗皆剡中景物也

鼯　李嶠詩棲鼯抱寒木流螢飛暗篠張籍詩水鶴沙邊

立山鼯竹裏啼賈島詩磧鳥辭沙立山鼯隔水啼爾雅
曰鼯狀如小狐盧天驥鹿苑寺詩飢鼯愁玃號窮冬

鱗介

鱸　李白詩此行不爲鱸魚膾自愛名山入剡中項斯寄
剡中友詩山晚迴尋蕭寺宿雪寒誰與戴家期夜來忽
覺秋風急應有鱸魚觸釣絲羊士諤詩山陰道上桂花
初王謝風流滿晉書會作江南步從事秋來還復憶鱸
魚

白魚　嶀山下巨潭白魚所聚大者二三尺頭昂者第一

尾頳者謂之追紅白杜甫詩白魚困密網黃鳥喧佳音方干詩山鳥踏枝紅果落家僮引釣白魚驚韋應物詩沃野收紅稻長江釣白魚白居易詩青青芹蕨下疊臥雙白魚

青魚　青魚頭色微青劉邵七華曰洞庭之鮒青顱朱尾葢鯽此類池中所蓄不及溪中者向過娥江漁人數連網得此魚可三四尺剡水所有乃江中物也

鱧　出山居賦爾雅曰鱧鮦也陸璣疏曰魴鱧也本草經曰蠡今作鱧字

鮒　出山居賦王肅易注曰鮒小魚廣雅曰鰿鮒也劉邵七華曰洞庭之鮒出於江岷素腴青顱朱尾碧鱗

鰱　鰱即鱮也詩箋曰鱮似魴而大頭魚之不美者土語曰買魚得鱮不如啖茹埤雅曰吳越呼鱅鰱魚齊唐越吟行楩枏非給燎魴鱮必施罛

鱒　出山居賦陸璣疏曰鱒似鱓魚而鱗細於鱓赤眼多細文孫炎爾雅正義曰鱒好獨行

鯇　爾雅曰鱧鯇也陸璣疏曰鯇似鱧狹而厚江東呼爲鱧魚今剡魚謂之選者鱒鱧之類也

鯉　李易剡山詩魚跳破浪奮赤鬣鶴唳投松翻縞衣赤鬣鯉也范蠡魚經有養鯉法剡人有治陂池蓄之者

剡錄卷十終

宋高似孫字續古鄞人父文虎慶元中官翰林學士淹貫多聞嘗修宋朝四史研覈詳審爲世所推似孫稟承家學以賅洽見稱所著有子略硯箋蟫略緯畧騷略疏寮小集諸書剡錄成於嘉定之時爲邑令史安之

作自唐鄭言平剡錄宋俞瑞
剡東錄湮佚失傳而嵊之有志
自剡錄始内自縣治官師山川
人物以及草木蟲魚釐為十卷
凡唐以前遺文軼事多所攷證
其敘先賢則註所據之書敘山
水則仿水經之例實為後來康

對山武功志韓五泉朝邑志藍本國朝采入四庫民間並無鋟版即四明范氏天一閣蒐羅宏博亦無其書今所存惟山陰杜氏鈔本傳寫既多魚豕之訛藏弆又有蠹蟫之患余既纂輯

縣志恐此書歲久失傳因於簿書之暇釐其卷帙校其譌舛捐俸付梓庶幾公諸同好而劍中文獻可永垂勿替云

道光八年知嵊縣事合肥

李式圃跋

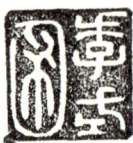

丁亥夏嵊邑李果亭明府屬余脩輯縣志攷嵊分野揚州之域有舜禹故蹟至漢景帝時分為剡縣東晉以後王謝寄跡風流彌繁其間山川人物歷代曰草紀載闕如即唐之平剡録宋之剡東録本非方志亦湮沒不傳余所裒輯一以宗

高通議刻録為据其書敘例詳明
高簡有法顧宗録不可得邇日流
傳僅禾中沈氏山陰杜氏刻中踰
氏鈔本果亭明府慮其久而失傳
於嵊志竣後釐訂一編屬余校其
訛舛並付剞劂計是本留貽可支
百餘年王阮亭稱武功志文簡事

嚴訓詁爾雅王惺齋校正朝邑志垂信後人過於原書果亭明府是舉其即此意也夫道光戊子嘉平望日山陰朱澋跋於鹿胎山之聽雪山房

炎錄

二